상하이를 여행하는 법

사람들이 모여드는 도시에는 이유가 있다

상하이를 여행하는 법
사람들이 모여드는 도시에는 이유가 있다

2021년 6월 18일 초판1쇄 발행

지은이 이승윤, 김일도
펴낸이 권정희
책임편집 김은경
편집팀 이은규
콘텐츠사업부 박선영, 백희경
펴낸곳 ㈜북스톤
주소 서울특별시 성동구 연무장7길 11, 8층
대표전화 02-6463-7000
팩스 02-6499-1706
이메일 info@book-stone.co.kr
출판등록 2015년 1월 2일 제2018-000078호

'쏘스'는 콘텐츠의 맛을 돋우는 소스(sauce), 내 일에 필요한 실용적 소스(source)를 전하는 시리즈입니다. 콕 소스를 찍어먹듯, 사부작 소스를 모으듯 부담 없이 헤볼 수 있는 실천 가이드를 담았습니다. 작은 소스에서 전혀 다른 결과물이 나오듯, 쏘스로 조금씩 달라지는 당신을 응원합니다.

북스톤은 세상에 오래 남는 책을 만들고자 합니다. 이에 동참을 원하는 독자 여러분의 아이디어와 원고를 기다리고 있습니다. 책으로 엮기를 원하는 기획이나 원고가 있으신 분은 연락처와 함께 이메일 info@ book-stone.co.kr로 보내주세요. 돌에 새기듯, 오래 남는 지혜를 전하는 데 힘쓰겠습니다.

002

상하이를
여행하는 법

sauce
as a
source

내 일에 필요한
소스를 전합니다

이승윤, 김일도 지음

북스톤

여행은 다른 사람이 되어보는 일

'상하이를 여행하는 법'이라는 조금은 묘한 제목의 책을 내기까지 고민이 많았다. 애초 기획은 철저히 비즈니스적인 관점에서 상하이를 다뤄보자는 의도였다. 같은 동양권인 도쿄에 비해 상하이가 상대적으로 덜 주목받는 느낌도 들었고, 글로벌 도시 상하이의 도시경쟁력을 두 저자의 전문성을 토대로 전하고자 했다. 몇 차례 상하이를 다녀온 후 초고가 완성될 무렵, 문제의 코로나19가 터졌다.

"여행을 가지 못하는 시대에 다른 도시에 대한 책을 내도 될까? 낸다고 누가 읽기는 할까?"

"사람들은 중국을 어떻게 바라볼까?"

기획의도와 달리 시간은 야속하게 흘렀고, 상황은 좀처럼 나아지지 않았다.

책의 출간을 놓고 고민하던 중 넷플릭스에서 〈겨우, 서른〉이라는 드라마를 보게 되었다. 〈겨우, 서른〉은 이제 서른 살이 되는 세 명의 여자들이 자신의 꿈을 향해 나아가는 (어른형) 성장 드라마로, 상하이가 배경이다. 서른이라는 상징적인 나이를 기점으로 자기주도적인 삶을 이루어가는 주인공들의 스토리에 몰입해서 보는데, 배경인 도시가 자꾸 눈에 들어왔다. 상하이는 이 드라마에서 주인공 못지않게 나름의 역할을 한다. 드라마를 보는 동안 '상하이는 사람들에게 어떤 의미로 가닿는 도시인지' 느끼면서 우리 책도 상하이를 자기만의 관점에서 해석하면 의미 있을 거라 생각했다. 결국 저자들의 시선을 따라가며 자연스럽게 상하이를 느끼는, 여행 에세이처럼 가볍게 읽히는 비즈니스서를 내자는 데 의기투합했다. 당분간 해외여행을 가기 어려운 시대가 되어버렸지만, 새로운 자극과 경험에 대한 니즈까지 사라진 건 아닐 테니까.

일본의 경제학자 오마에 겐이치는 나를 바꾸고 싶으면 시간을 달리 쓰거나, 사는 곳을 바꾸거나, 새로운 사람을 사귀라고 했다. 어쩌면 여행은 여행지에서 다른 사람이 되어보는 경험이자, 나를 바꾸는 가장 쉬운 방법 중 하나일 것이다. 부디 이 책이 위의 3가지를 다 충족하는 계기가 되었으면 좋겠다. 물론 이 책을 들고 실제 상하이로 떠날 수 있다면 더욱 좋겠지만.

우리가 상하이로 떠나는 이유

"세상은 한 권의 책이다. 여행을 하지 않는 이들은 그 책의 한 페이지만 읽는 것과 같다The world is a book and those who do not travel read only one page." 세인트 어거스틴St. Augustine의 이 격언은, 언제나 내게 여행을 해야 하는 당위성을 일깨운다. 물론 세상이라는 책을 탐험하는 과정은 누군가에게는 즐거움일 수 있고, 누군가에게는 수고로움일 수 있다. 하지만 표지만으로 우리가 섣불리 책의 가치를 판단할 수 없듯이, 여행을 하지 않고는 경이로움으로 가득차 있을 세상의 가치를 영원히 모른 채 생을 마감할 수도 있다. 이런 기대감과 조바심이 나를 늘 공항으로 향하게 했는지도 모르겠다.

2019년 졸저 《공간은 경험이다》를 출간 후 '고객경험 디자이너'라는 색다른 직함으로 비루트웍스와 함께 'Feel The Trip'이라는 고객경험 프로그램을 운영했다. 현대자동차그룹, LG 등의 대기업과 브랜드 커뮤니티 비 마이 비Be my B를 포함한 크고 작은 기업의 관계자들과 도쿄, 상하이 같은 해외의 도시들, 한국의 개성 넘치는 공간들이 존재하는 성수, 한남, 연남, 제주 등을 다니며 진짜 고객경험을 설계하는 방식에 대해 고민했다. 흔히 여행 하면 떠올리는 이미지와는 조금 거리가 있을지 몰라도, 나에게는 배움이라는 또렷한 이유가 있는 여행이었다.

그중 상하이를 주제로 책을 쓰게 된 것은 상하이라는 도시의 경쟁력 때문이다. 코로나19가 터지기 전까지 여러 기업에서 상하이를 도시탐방의 첫 번째 후보로 꼽을 만큼, 상하이는 세계 500대 브랜드의 테스트 마켓이자 동양의 뉴욕으로 꼽히는 대도시이며 세계의 소비를 좌우하는 통 큰 고객들이 살아가는 도시다.

또한 상하이는 디지털 전환Digital Transformation의 모델이 되는 도시다. 의식주를 중심으로 하는 우리의 라이프스타일은 디지털을 중심으로 빠르게 재편되고 있다. 함께 여행한 사람들이 가장 많이 언급한 것도, 온라인 고객경험과 오프라인 고객경험을 끊김 없이seamless 연결하는 방식에 대한 논의였다. 디지털 세상으로 이전하는 현실에서도, 사람들은 여전히 두 손과 두 발을 통해 전달되는 오감으로 아날로그적인 경험을 누리기를 원한다. 온라인과 오프라인 어느 한쪽을 택할 수 없는 시대, 이제는 양쪽을 넘나들며 다양한 O2O Online to Offline 고객경험을 설계할 수 있어야 한다.

"중국에 가면 거지가 구걸할 때도 스마트폰 큐알코드를 내민다."

다소 과장되게 들리는 이 농담이 어쩌면 지금의 상하이를 가장 잘 설명하는 한 줄인지 모른다.

상하이를 다니며 낯설게 느낀 것 중 하나가 대부분의 사람들이 현금과 카드가 아닌 스마트폰으로만 결제, 송금한다는 점이었다. 여전히 카드결제가 익숙한 한국 사회의 특성을 고려한다 해도, 놀랍도록 일상의 거의 모든 일을 스마트폰으로 처리한다. 상하이는 철저히 디지털에 기반한 Digital Centric 도시다. 다행히 이제는 외국인들도 상하이의 디지털 DNA를 손쉽게 탑재할 수 있다. 가령 택시를 탔을 때 현금 거스름돈이 없는 택시기사로 겪을 불편함을 해소하기 위해 2019년 11월부터 외국인들에게도 알리페이가 개방되었다.

디지털 혁신은 금융에만 머무르지 않는다. 모빌리티 역시 혁신적으로 변화하고 있다. 상하이에 가면 전기 자동차를 의미하는 초록색 번호판을 단 차들을 여기저기서 볼 수 있다. 중국 정부는 이 디지털 모빌리티Digital Mobility 혁명의 기초 단계로, 휘발유를 쓰는 자동차 대신 전기로 이동하는 자동차가 도시의 흐름을 만들어가길 원하고, 그렇게 되도록 유도한다.

중국은 차를 사려면 번호판을 구매해야 한다. 돈이 있어 포르쉐를 샀더라도 번호판을 구하지 못하면 차를 집에 세워둔 채 구경만 해야 한다. 더 흥미로운 사실은 돈이 있다고 해서 무조건 번호판을 살 수 없다는 것이다. 중국 정부는 의도적으로 한 도시에서 10만 대의 자동차가 팔리더라도, 1만 대 정도의 번호판만 풀어주는 형태로 모빌리티를 통제한다. 기다리다 당첨되면 번호판을 살 수 있는 기회가 주어지는데, 이 번호판의 가격이 무려 수천만 원에 달한다. 반면 만일 당신이 전기차를 사기로 결정했다면? 번호판을 무료로 준다. 중국 정부는 2035년부터 휘발유로 가는 자동차는 생산하지 않기로 결정했기에, 여러 혜택을 줌으로써 소비자들이 자연스럽게 전기차를 구매하도록 유도하는 것이다. 상하이에서 전기차를 흔히 볼 수 있는 것도 이런 이유다. 상하이 곳곳에 테슬라와 같은 미국 브랜드부터 BYD 등의 로컬 브랜드까지,

다양한 전기차 브랜드들이 미래형 자동차를 전시해두고 구매자들을 유혹하고 있다.

자동차만 전기로 가지 않는다. 상하이에서 길을 걷다 바이크가 이렇게나 많은데도 거리가 시끄럽지 않다는 데 생각이 미친 적이 있다. '부르릉' 소리가 나지 않는 바이크들은 모두 전기로 움직이는 바이크다. 이 수많은 바이크들이 고객이 스마트폰으로 주문한 배달품을 빠르고 조용하게 도시 곳곳으로 실어나른다. 중국식 샤브샤브인 휘궈부터 출장 피부관리사까지, 배달 불가능한 서비스나 제품을 찾기 어려울 만큼 그 범위도 다양하다. 고객들의 이름을 꼼꼼하게 불러주는 대면 서비스를 통해 프리미엄 이미지를 구축해온 콧대 높은 스타벅스가 2018년, 전 세계적으로 비대면 스타벅스 딜리버리 시스템을 도입하면서 그 테스트 도시로 상하이를 선정한 것도 그리 놀랍지 않다. 어쩌면 상하이는 휘발유라는 과거의 에너지원을 쓰지 않고 디지털 동력으로 움직이는 지구 최초의 도시가 될 수도 있을 것이다.

도시 역시 최첨단 디지털을 기반으로 돌아간다. 상하이의 신호등은 무단횡단을 한 사람들의 얼굴을 찍어서 의도적으로 보여준다. '이 사람이 지금 법규를 어겼습니다'라는 사실을 대중에게 보여줌으로써 단순한 패널티뿐 아니라 사회적인 바람직성Social

Desirability을 강조하는 데 디지털을 적극 사용한다. 또한 상하이 중심부를 다녀보면 차들이 많은데도 꽤 조용하게 느껴진다. 혼잡한 교통상황에서도 차들이 좀처럼 클랙슨을 울리지 않는 이유는, 클랙슨을 울리면 음파감지 카메라에 찍혀 패널티를 받기 때문이다. 3000만이 넘는 거대 도시 상하이가 스마트하게 움직이는 배경에는 이처럼 중국 정부의 적극적인 디지털 정책이 자리하고 있다. 이러한 상하이를 여행하는 시간 자체가 내게는 흥미로운 경험이었다.

물론 여행을 하나의 이유로만 떠나지 않는 것처럼, 상하이라는 도시 역시 여러 관점에서 들여다볼 수 있다. 내 경우에는 최대한 공간이 가져다주는 '고객경험'이라는 렌즈로 상하이를 보고자 했다. 이 책의 공저자이자 여행을 함께한 김일도 대표는 상하이에서 대학을 졸업하기도 했고 현재 외식기업을 경영하는 만큼, 상하이의 F&B와 그들의 문화에 대해 누구보다 유의미하고 충실한 이야기를 들려주었다. 하루하루 만족스러운 고객경험을 전달하고자 모든 에너지를 쏟는 실무자와 살아 숨쉬는 이야기를 나누는 것은 개인적으로 큰 즐거움이었다. 서로의 생각을 교환하는 일이 여행의 또 다른 의미라는 것을 새삼 실감할 수 있었다. 혼자 하는

'여행旅行'보다, 함께하는 '동행同行'이 더 큰 기쁨을 줄 수 있다는 것을 알게 해준 김일도 대표와 북스톤 김은경 실장에게 다시 한 번 감사의 마음을 전한다.

코로나19로 우리의 삶은 급격하게 달라지고 있다. 멀게만 느껴지던 디지털 세상이 하루하루 급격하게 현실화되고 있다. 애프터 코로나 시대, 우리는 이미 오늘Today로 다가온 미래Tomorrow에 대해, 각자의 자리에서 부지런히 다음 스텝을 생각해야 할 것이다. 상하이라는 공간은, 나에게 현재now가 아닌 미래tomorrow를 보여주는 도시였다. 이 책이 누군가에게 '현재가 되어버린 미래'의 세상을 그려나가는 데 도움이 된다면, 저자로서 그보다 더 보람된 일은 없을 것이다. 경이로움으로 가득찬 세상을 막 여행하기 시작한 아들 정원이를 떠올리며 이 책을 쓴 것도 그러한 이유다.

이승윤

테크 시티 상하이가 일깨워준 것들

상하이와 도쿄와 서울은 확연히 다르지만 분명 비슷한 면도 있다. 아니, 많다. 같은 동양권의 대표 격인 도시의 얼굴은 닮았다. 그럼에도 내가 지금 상하이에 있음을 실감하는 것 중 하나는, 모바일 결제다. 물론 서울도 90% 이상이 신용카드나 모바일 결제지만 상하이의 모바일 결제는 상상 그 이상이다. 심지어 노점에도 알리페이나 큐알코드가 붙어 있을 정도니까. 이처럼 모바일 없이는 한 발짝도 움직이기 힘든 상하이의 일상에 낯설어하다 오랜만에 만난 중국인 친구에게 물었다. 혹시 핸드폰 전원이 꺼지면 어떻게 해야 하느냐고 했더니, 그는 왜 그런 걸 묻느냐는 표정으로 기계를 손으로 가리켰다. 따오추또우요우到处都有, 어디든지 다 있다는 뜻이다.

그 말을 들은 후부터 여행 내내 고개만 돌리면 충전기가 곳곳에 있다는 게 피부로 느껴졌다. 그 말을 듣기 전에는 보이지 않던 것이었다. 그렇다고 방심해서는 안 된다. 상하이에서는 서울과 달리 핸드폰 전원이 꺼지기 전에 '결제'하고 충전해야 한다.

중국인 친구가 단골집이라며 데려온 이탈리안 레스토랑에 앉아 메뉴판을 훑어보는데, 서버가 오더니 모바일로도 주문이 가능하다며 내심 자랑스러운 말투로 어필을 한다. 그러자 중국인 친구는 귀찮게 뭘 그러냐며 평소 먹던 피자와 파스타를 달라고 했다. 이처럼 상하이의 모바일 주문과 결제는 아주 세세한 곳까지 뻗어 있지만, 아직까지는 모터쇼 전시장의 컨셉트카처럼 겉도는 것도 사실이다. 새로운 기술이 현실을 주도하는 것인지 현실의 니즈가 기술을 주도하는 것인지 단정할 수는 없지만, 어느 쪽이든 기술과 현실의 거리감은 조금씩 좁혀질 것이다. 그 과정에서 수정, 보완될 것이고.

친구와 헤어져 길을 걷는데 양꼬치 냄새가 풍겨와 본능적으로 진원지를 찾았다. 원래 노점 리어카에 있어야 할 양꼬치가 깔끔한 식당의 매장 한 켠에 어엿하게 자리잡고 있다. 덕트 시설까지 제대로 갖춘 양꼬치라니 뭔가 어색하다. 가격은 6위안. 내가 처음

덕트 시설까지 제대로 갖추고 식당 외부에 자리한 양꼬치, 과거와는 확연히 다르다.

양꼬치를 먹을 때보다 6배나 올랐지만 그래도 한국 돈으로 천 원 정도면 싼 편이다. 이곳 역시 덕트에 큐알코드가 붙어 있어 손님이 이를 찍고 결제 후 서로 확인하면 되는 시스템이다. 뭔가 어색해 보여도 현금이나 카드를 주거니 받거니 할 필요가 없다는 것은 확실히 장점이다. 한 발자국 떨어져 보니 식당 외부에 숍인숍처럼 설치한 양꼬치 판매처다. 지나가는 손님들이 사 먹기도 좋고 식당 안에 있는 사람들이 시켜먹기도 좋다. 자연스럽게 식당의 홍보도 이끌어낼 수 있다. 사진을 몇 장 찍고 이런저런 생각을 하는 도중에 주문한 양꼬치가 나와 받아들고 다시 생각에 잠겼다.

유학생 신분으로 처음 상하이에 왔을 때 가장 먼저 눈에 들어온 것이 양꼬치였다. 학교 기숙사 입구에서 전혀 중국인처럼 보이지 않는데 스스로를 중국인이라 칭하는 사람들이 이상한 억양의 말투로 양꼬치를 팔았다. 몽골 사람 같기도 하고 러시아 사람 같기도 한 그들은 실크로드 쪽의 소수민족 신장 출신이라 했다. 세상에는 백인과 흑인, 우리 같은 동양인만 있는 줄 알았는데 처음 보는 그 사람들이 신기했고, 그들도 나처럼 중국어가 어눌해서 더 정감이 갔다. 그들이 팔고 있는 양꼬치도 신기했다. 당시 한국엔 없던 음식이었다.

저렴한 곳은 한 꼬치에 당시 환율기준으로 1위안(약 150원), 비싼 곳은 2위안(약 300원) 정도 했는데, 가난한 유학생들이 고기를 먹고 싶을 때 할 수 있는 최선의 선택이었다. 나는 동전 두 개를 들고 양꼬치가 익어가는 5분 동안 중국어로 말하는 게 좋았다. 아는 사람이라고는 전부 같은 처지의 유학생들인 데다 중국어를 쓸 수 있는 것은 수업시간뿐이고 그마저도 말하기보다는 듣는 시간이 대부분이었으니, 양꼬치 사면서 그날 배운 중국어를 어설프게나마 써먹을 때 진짜 중국에 와 있는 기분이 들었다. 중국어도 하고 맛있는 양꼬치도 먹으니 돈이 아깝지 않았다.

한동안 양꼬치에 중독되어 어디선가 양꼬치 냄새가 나거나 멀리서 연기만 보여도 가서 사먹었다. 그런데 언젠가부터 내 몸에서 외국인의 체취가 느껴지기 시작하더니 순식간에 살이 쪘다. 어느 날은 심하게 배가 아팠는데, 탈이 난 건지 식중독에 걸린 건지 알 수 없어서 결국 병원을 찾았다. 의사를 만나 양꼬치 이야기를 했더니 세상에, 아무 데서나 양꼬치를 먹지 말라는 처방을 주었다. 위생을 장담할 수 없을뿐더러 더 충격적인 사실은 어떤 곳에서는 가짜 양꼬치를 판다고 했다. 출처를 알 수 없는 고기를 양기름에 담가서 양고기 맛을 내면 일반인은 잘 알아차리지 못한다는 거였다. "세상에, 그런 못된 짓을 하면 잡혀가지 않나요?"라고 물었더니 어차피 노점에서 불법장사를 하면서 늘 도망다니는 사람들이 뭐가 무섭겠냐는 답이 돌아왔다. 그 후로는 양꼬치를 멀리 했고, 노점상들이 파는 음식 앞에서는 주저하게 되었으며, 출처를 믿을 수 있는 곳에서만 먹게 되었다.

그러던 상하이가 달라졌다. 앞에서 말했듯이 가장 큰 변화는 모바일 결제였고 그다음은 노점상의 소멸이었다. 밤만 되면 리어카에서 왁자지껄하게 팔던 마라탕과 양꼬치, 연탄 위에 얹은 웍에서 요리하던 볶음면과 볶음밥이 사라지고 거리가 깨끗해졌다. 상하이에 여행자 신분으로 다시 왔을 때에는 그 풍경이 아쉽고 서

운했다. 그걸 매력이라 느꼈는데 다 사라져버렸으니까. 감성적인 측면에서 보자면 아쉽지만 불법영업을 근절시키고 정식으로 허가받은 곳만 영업하게 한 것은 여러모로 잘한 일이라는 생각이다. 과거의 양꼬치 사건을 떠올리면 말이다.

이 경험은 외식업을 할 때에도 큰 도움이 되었다. 가끔 누군가가 디자인 잡지에나 나올 법한 근사한(?) 푸드트럭의 사진을 보여주면서 '기획'을 내놓을 때마다, 내가 가장 먼저 하는 질문은 물은 어디서 끌어오느냐는 것이다. 요리에 써도 되는, 깨끗하게 흐르는 물을 찾지 못한다면 구현에 제약을 받을 수밖에 없다는 사실은 상하이의 노점들 덕분에 깨달았다. 외식업까지 갈 필요도 없다. 길거리에 있는 포장마차에 들어갈지 말지 고르는 기준도 '물'이니까.

푸드테크가 만들어낸 신선식품 마켓

상하이에 다녀오는 사람들마다 앞선 기술에 대해 한마디씩 했다. 대단한 미래라도 보고 온 것처럼 극찬이 이어졌다. 주로 모바일과 O2O에 대한 이야기였다. 내가 상하이에 있을 때는 무인 편의점이나 허마셴셩은 존재하지도 않았고, 상하이의 서비스업은 우리나라보다 수십 년은 뒤처졌다고 생각했다. 꺼내기 민감한 이야기지만 기술이나 자본의 문제라기보다는 국민성의 차이였다. 중국은 파는 사람들과 사는 사람들 모두 친절과는 거리가 멀었다. 묻는 말에는 무뚝뚝하게 모른 척했고, 책임질 일이 생기면 빠르게 뒤로 빠졌다. 친절한 사람에게 오히려 바가지를 씌우거나 사기 치려는 이들이 많았다. 가짜 물건도 많았고. 사는 사람들은 그런 불친절함과 불안함에 익숙했다. 위조지폐를 내거나 물건을 훔쳐가는 사람도 많았다. 서로가 서로를 믿지 못했다.

그런데 무인 편의점이라니, 내 귀를 의심했다. 많은 자본을 투입해 기술적인 발전을 이루어냈다 해도 올바르게 가동될 수 있을까? 나는 시기상조라 믿었고 엉망진창을 예상했다. 마윈의 알리바바가 만들었다는 신소매 유통업체 허마셴성에 대해서도 부정적이었다. 이곳을 방문했던 온라인 유통업계 사람들은 극찬을 했지만, 오프라인 매장을 위주로 운영하는 나에겐 허점이 많게만 느껴졌다. 내심 문제점이 무엇인지 조목조목 짚어보겠다는 자신감과 국뽕(?)의 마음을 장착하고 길을 나섰다.

무인 편의점의 경우 크게 볼 것은 없었다. 내 예상은 어느 정도 맞아떨어졌고, 오류가 많았다. 특히 상품태그가 유효하지 않은 것들은 돈을 안 내고 나가도 기기가 알아차리지 못한다는 것부터 어설펐다. 사람들에게 물어보니 그런 물건은 그냥 가지고 간다는 이야기도 많았다. 하지만 모바일 결제 시스템의 기반이 탄탄하기에 이런 오류들은 금방 바로잡힐 것 같았다. 우리나라에서도 야간에 무인 편의점을 운영하는 곳들이 생기고 있는데, 얼핏 계산해보니 오류가 나거나 그냥 가져가는 사람이 있다고 가정해도 그로스율이 인건비보다 더 저렴하겠다는 생각이 들었다. 지금의 허점이 미래를 위한 시행착오라고 생각하면 이야기는 달라진다.

다시 허마셴성으로 돌아오자면, 이마트 같은 오프라인 매장에 쿠팡 같은 온라인 쇼핑몰이 결합되어 배달의민족처럼 30분이면 배송되는 컨셉의 신선마켓을 떠올리면 된다. 소비자에게는 이득 중 이득이다.

개인적으로 마켓컬리나 쿠팡의 새벽배송을 애용하는 편이다. 늦은 밤 마감 전에 부랴부랴 다음 날 먹을 우유나 고기 등의 신선식품을 주문하는데, 이 타이밍을 놓치면 있는 것들로 해결해야 한다. 냉장고를 털어도 당장 먹을 게 없으면 밖으로 나가거나 배달을 시키는 것 외에는 대안이 없으니, 소비자 입장에서 허마셴성은 충분히 매력적이다. 매장에서 구매한 재료들을 매장 내 식당에서 먹을 수 있다는 점도 매력이었다. 마트에서 직접 고른 랍스터가 식당에서 조리되어 나온다면? 저렴하고 신선하며 믿을 수 있다는 3단계로 이어지는 완벽한 구조다. 일단 말만 들었을 땐 너무

로봇 배달상자가 우리가 주문한 음식을 싣고 들어오고 있다.

도 이상적인데 그게 구현 가능할까? 의심 반 기대반으로 허마셴
성을 찾았다.

　내가 찾은 매장은 'Robot.He'라는 로봇이 서빙을 해주는 곳이
었다. 테이블에서 어플을 통해 주문과 결제를 하면 완성된 음식
이 레일을 통해 배달된다. 50cm 간격으로 배치된 큐알코드들이
배달상자(그들이 지칭하는 로봇)의 길잡이다. 테이블 간의 간격은
어쩔 수 없이 비효율적이어야 하고, 수저와 접시 등의 기본 구성
과 주문 과정에서 상당한 셀프 서비스를 강제하고, 식사가 끝난

테이블을 정리하려면 결국 서버가 있어야 한다. 심지어 기기 조작에 미숙한 손님이나 사람 손길이 필요한 곳을 위해 별도의 스태프가 대기하고 있어야 한다. 로봇이라는 가능성을 실현하고 보여주기 위한 실험 단계에서, 기존 식당보다 더 많은 사람과 비용을 쓰고 있음을 보여주는 단적인 예시였다. 실제 기계적 결함이나 오류가 생기기도 하고, 당연히 몇 센티만 어긋나도 작동이 안 되는 융통성 없는 모습에 당황하는 사람들도 볼 수 있다.

식재료와 가격 면에서는 요즘 유행하는 '가맥집'이 떠오른다. 가게에서 맥주를 사서 그 앞 간이 테이블에 앉아 먹으면 가격적인 메리트가 있듯 이곳에서도 같은 공식이 적용된다. '유통' 관점에서 비용을 책정하면 가격적인 우위는 확실해진다. 고기와 채소가 주를 이루는 훠궈처럼 식재료가 중심이 되는 메뉴의 경우 필요한 재료들을 이 마켓에서 해결할 수 있다는 것이 강점이다. 신선함과 저렴함이라는 두 가지 경쟁력을 동시에 충족한다. 반면 주인장의 손맛이나 특제 소스가 필요한 메뉴들에는 약점을 보이기도 한다.

결국 라이프스타일이란 우리가 추구하는 가치를 이해하는 것

양꼬치 이야기로 잠시 돌아와 본다. 한국에서는 생각도 못할 저

럼한 양꼬치는 한국 돈으로 천 원이면 큰 병으로 살 수 있는 맥주와 함께 화합의 도구로 쓰였다. 기숙사의 모든 방에서 밤마다 축제가 벌어졌다. 다행인지 불행인지 술자리를 좋아하지 않는 나는 여기까지 와서 술판을 벌이며 시간을 낭비할 순 없다며 아웃사이더의 길을 갔다. 그때는 그들이 틀렸고 내가 맞다고 확신했지만 이제 와 돌이켜 보니 그것은 맞고 틀리고의 문제가 아닌 '다름'의 영역이었다.

대학에서도 아웃사이더 기질은 바뀌지 않았다. 함께 공부하던 선배나 동기들은 대부분 학업과 화합에 전념했다. 취업을 위해 성적관리를 해야 했고, 그러기 위해선 똘똘 뭉쳐서 정보를 교류하고 권익을 보호해야 했다. 반면 처음부터 취업할 생각이 없었던 나에겐 좋은 성적은 그리 의미가 없었다. 이미 그때부터 외식업자의 길을 갈 거라 생각했기에, 고득점을 위해 공부할 시간에 좀 더 많은 식당들을 다니며 다양한 경험을 하는 게 좋다고 생각했다.

서로가 추구하던 가치관이 다른 만큼 대학생활 전반의 패턴도 달랐다. 비슷비슷하게 주어진 생활비를 쓰는 방식도 달랐고, 여가를 보내는 방식도 달랐다. 가장 큰 차이는 술값이었다. 술을 즐기지 않은 덕분에 남들보다 밥값에 투자할 여윳돈이 있었고, 책을 사거나 여행을 하는 데 돈을 좀 더 쓸 수 있었다. 딱 내가 원하는 곳에만 소비를 했다. 외로움엔 익숙했던 터라 가끔 같이 밥 먹을 수 있는 절친 한두 명만 있으면 충분했다. 그때는 내가 유별나다고 믿었는데, 한참 지나서야 좀 유식한 용어로 이런 상황을 정리할 수 있게 됐다. 라이프스타일이 다른 거였다. 처음 라이프스타일이라는 단어를 들었을 때에는 마음에 스며들지 않는 느낌이었다. 익숙하지 않은 마케팅 용어처럼 들렸다. 그래도 중요하다 싶어서 관련 서적도 읽어보고 했지만 어떻게 해석해야 할지 혼란스러웠다. 하지만 시간이 지날수록 이 용어가 자꾸 귀에 들어왔고, 충분히 이해해야겠다고 마음먹었다.

상하이라는 도시를 들여다보는 동안 라이프스타일을 빼놓고는 이야기를 풀어나가기 어렵겠다는 생각이 점점 강해졌다. 어플을 깔지 않아 택시를 잡다 애를 먹고, 어플이 연동되지 않은 탓에 식당에서 남들 다 하는 주문과 결제를 제대로 못하는 상황을 겪고 나니 같은 일상이 다르게 보였다. 마트에 가서 장 보는 것을 즐거워하는 나와 달리, 장보기가 번거롭고 귀찮은 사람은 허마셴성에서 클릭 몇 번으로 장을 보고 그 시간에 좀 더 가치 있다고 느끼는 일을 하고 싶을 것이다.

내가 하는 일을 떠올렸다. 배달과 HMR이 외식업의 공식처럼 이야기되고 있지만, 여러 브랜드의 오프라인 매장을 운영하는 입장에서 배달은 부가적인 매출일 뿐이었다. 배달을 하다가도 매장이 바빠지면 잠시 어플을 닫아놓았다가 한가해지면 다시 열어놓곤 했다. 그나마 배달에 비중을 두게 된 것도 코로나 때문에 내린, 불가피한 선택이었다. 하지만 간편식이나 배달은 일시적인 트렌드나 유행이 아니라 사람마다 우선시하는 가치가 다른 데서 시작된 변화였고, 이미 우리 곁에 깊숙이 들어와 있었다.

사람의 가치관은 삶의 방식을 바꾸어놓는다. 먹고사는 문제에서 출발해 어떻게든 성공해야 한다는 게 우리 윗세대가 추구하는 삶의 가치였다면, 이제는 '그보다 중요한 것이 있다'며 각자가 스스로를 정의하기 시작했다. 그 각각의 삶이 라이프스타일이고, 그 삶의 모양은 더욱 다양해질 것이다. 그에 따라 사람들의 소비패턴도 다양해질 것이기에 무언가를 팔고자 한다면 라이프스타일을 눈여겨봐야 한다. 사람들의 삶을 이해해야 한다는 말이다. 우리나라뿐 아니라 우리와 같은 시대를 사는 다른 도시 상하이를 눈여겨봐야 하는 이유이기도 하다.

여행 첫날, 기사가 딸린 차를 한 대 빌렸다. 공항에 픽업을 나와 일정을 마칠 때까지 함께 다니기 위해서였다. 오랜만에 간 곳이었지만 그만큼 오래 살았던 터라 금세 적응을 했다. 일정을 마치고는 예전에 즐겨 찾던 마사지숍에 내린 후 기사님 먼저 퇴근하시라고 했다. 호텔까지는 택시로 5분이면 갈 수 있는 거리였다.

드래곤플라이라는 마사지숍은 상하이뿐 아니라 다른 도시에도 여러 개의 지점을 둔 프리미엄 브랜드로 가난한(?) 유학생에게는 돈을 아껴야 갈 수 있는 곳이었다. 하지만 상당한 시간이 지난 후에 들른 드래곤플라이는 생각보다 실망스러웠다. 여전히 그 자리에 있어줘서 반가웠지만 왠지 낡아버린 느낌과 촌스럽다는 생각까지 들었다. 이곳이 변한 건지 내가 변한 건지는 모르겠지만.

호텔로 돌아오는 길에 많은 비가 내렸고 어플을 깔지 않은 나는 택시를 잡지 못해 고생하다 지붕 대신 비닐을 씌운 불법개조 택시를 잡아타고 간신히 숙소로 돌아왔다. 자동차라 부르기도 뭐한 택시 안에서 애매한 인상을 받은 마사지숍을 떠올리며, 불현듯 우리 브랜드가 잘하고 있는지 제대로 점검해봐야겠다는 경각심이 들었다.

많은 이들이 비행기를 타고 날아와 벤치마킹하는 허마셴성의 핵심은 사실 원래 있던 것들이다. 로봇이라기보다는 택배회사들의 테크를 기반으로 한 분류 시스템을, 회전초밥집에서 이루어지던 서비스 형태를 마트와 식당에 적용했을 뿐이다. 그들이 당당히 말하는 혁신과 미래는 우리가 불편해하던 부분을 그들이 대신하는 데서 시작되었다. 어쩌면 진정한 혁신은 거창하고 위대한 꿈이나 계획이 아니라, 눈앞의 익숙함을 넘어서려는 고민과 의지에서 나오는 게 아닐까.

_ 김일도

허마셴성은 유통 기업인가
기술 기업인가

쇼핑과 관련된 매장이나 공간을 대한민국 성인남성의 평균보다는 훨씬 많이 다니는 편이지만, 쇼핑은 늘 어렵다. 나에게 어울리는 물건을 찾는 것도 쉽지 않은 데다 직원들의 응대에 적응하는 것도 하나의 숙제처럼 느껴진다. 쇼핑에 취약한 이유 중 하나는 직원의 접객이다. 들어가자마자 무엇이 필요한지 정중하게 물어보면서 계속 체크하는 직원도 부담스럽지만, 무얼 물어보려 해도 바빠 보여서 말 걸기 어려운 직원도 반갑지는 않다. 그럴 때마다 브랜드가 정작 신경 써야 할 것은 세련된 제품이나 광고가 아닌 직원들의 접객이 아닐까 하는 생각이 절로 든다.

　나만 이런 생각을 하는 것은 아닌 모양이다. 실제 자문을 하면서 만난 고객사들 역시 비슷한 고민을 하고 있었다. 게다가 디지털화까지 맞물리니 어느 것이 적정선인지를 판단하는 것도 애매하다.

이런 고민들을 디지털 마케팅 연구소의 젊은 친구들에게 건네니, 요즘은 토스트 팝업Toast Pop-up 형태로 말을 걸어주는 것이 예의란다. 웹 사이트에 접속해 이해가 가지 않는 메뉴 이름에 커서를 올려두기면 하면, 해당 메뉴의 설명과 기능이 짧게 떴다가 사라지도록 만든 것이 토스트 팝업 메시지의 대표적인 사례다. 웹 사이트에 접속하자마자 묻지도 않은 메시지를 보여주는 것은 강요하는 듯해서 싫다고 한다. 내가 원할 때 크게 방해하지 않는 선에서 가볍게 도움을 주고 사라져 달라는 이야기다. 젊은 디지털 네이티브 친구들에게 이제 무례하지 않은 방식으로 넛지Nudge하듯 편리함을 주면서, 세련되게 말 거는 방법을 배워야 하는 시대다.

오프라인 매장의 디지털 직원이 말 거는 방법

상하이에서도 이러한 점을 의식하면서 매장들을 다녀보았다. 모든 것이 디지털화되는 세상에서 과연 오프라인 리테일 매장은 어떻게 변해야 할까? 기술을 기반으로 고객의 편의성을 우선시해야 할까, 아니면 직원들의 휴먼 터치를 더욱더 강화해야 할까?

상하이에 있는 유니클로 매장에 가면 커다란 디지털 디스플레이의 키오스크가 입구에 놓여 있다. 유니클로와 같은 SPA 브랜드 매장은 애초 직원이 고객을 일대일로 응대하는 시스템으로 운영되지 않는다. 대신 상대적으로 큰 공간에 엄청나게 많은 종류의 옷을 진열해 두고 고객이 자유롭게 다니면서 원하는 옷을 편하게 입어보고 떠날 수 있도록 만든다. 매장 직원들의 주요 역할은 고객들이 피팅해보거나 가볍게 매칭해본 옷들을 빠르게 다시 정리하고, 고객이 요청하면 사이즈나 옷의 위치를 알려주는 것이다.

유니클로 입장에서는 디지털 기술을 이용하면 이러한 SPA 매장의 장점을 더 극대화할 수 있다고 보았을 것이다. 매장 입구에 있는 디지털 키오스크 화면을 터치하면 본인이 원하는 스타일의 옷을 손쉽게 검색할 수 있고, 해당 옷을 입은 모델들의 핏도 화면에서 확인할 수 있다. 기계 상단의 카메라로 자기 얼굴과 몸을 찍은 다음 선택한 옷을 스크린에 뜬 자신의 이미지에 가상으로 입혀보고 잘 어울리는지 체크하는 기능도 테스트 중이다. 그렇게 디지털로 입어본 옷이 마음에 들면 스마트폰을 꺼내 터치 한두 번으로 결제가 가능하다. 굳이 계산하려고 줄 설 필요 없이 매장의 픽업 공간에 들러 상품을 가지고 떠나면 된다.

비단 키오스크뿐 아니라 매장 내에 매직 미러Magic Mirror를 갖춘 의류 매장들도 늘어나고 있다. 고객이 매장을 둘러보고 마음에 드는 옷을 찾아 이 미러 앞에서 옷을 흔들면, 가상의 모델이 해당 옷을 입은 모습이 화면에 뜬다. 옷이 마음에 들면 마찬가지로 스마트폰을 꺼내어 화면의 큐알코드를 읽고 결제한 후 집으로 배송할 수 있다. 앞으로 상하이뿐 아니라 다른 도시에서도 더 이상 피팅룸이 존재하지 않는, 어쩌면 옷의 숫자보다 디지털 키오스크가 더 많은 의류 매장을 만날 날도 머지 않았다고 생각한다.

실제 지금 패션 브랜드들이 가장 앞다투어 투자하는 것 중 하나가 온라인 자사몰 외에 몰입 기술Immersive Technology을 적용해 오프라인과 온라인을 결합한, 인터렉티브한 경험의 설계다. 이를 가능하게 하는 것은 데이터다. 고객이 디지털 기기에 남긴 데이터를 기반으로 그들의 니즈에 부응할 수 있기 때문이다. 우리 매장에 방문한 고객들의 성별과 키, 체형을 비롯해 그들이 어떤 옷들을 매직 미러 앞으로 들고 와서 살펴보는지, 왜 어떤 옷은 보기만 하고 구매하지 않는지가 전부 데이터로 남을 것이다. 매장은 이를 기반으로 재고를 관리하거나, 매장의 어느 존에 어떤 옷을 비치할 것인지 결정할 것이다. 상하이의 다양한 패션 매장을 다녀보면, 오프라인 공간에서 고객에게 말을 거는 데 디지털 기술을 활용함으로써 고객경험을 완성해가고 있음을 눈으로 확인할 수 있다.

냉장고를 만드는 삼성전자는 왜 슈퍼마켓을 경쟁자로 여길까

코로나19는 우리가 사는 사회에, 아니 지구 곳곳에 급격한 변화를 초래했지만 그중 대표적인 분야는 의식주 중에서 식食과 관련된 변화다. 주말마다 대형 마트를 찾아 일주일 동안 먹을 거리를 구매하는 사람들은 확연히 줄었다. 나부터도 주말에 재미 삼아 오프라인 대형 마트에 가서 장을 보곤 했는데, 이제는 온라인으로 그날그날 먹을 음식이나 재료를 주문한다. 물론 코로나19 이전부터 눈에 띄게 달라진 변화였지만, 확실히 코로나19가 불을 붙였다. 2020년 2월에는 쿠팡에서 운영하는 신선식품 익일 배송 서비스 '로켓 프레시'의 주문량이 폭증하면서 조기품절 사태가 벌어지기도 했다.

자연히 인터넷 관련 기업들은 유례없이 힘들면서도 즐거운 시간을 보내고 있을 것이다. 심지어 '직원 공유모델(어려운 기업의 남는 인력을 인력이 모자란 기업에게 임시 파견하는 모델)'을 적극 활용할 정도로 호황을 누리는 곳도 있는데, IT 공룡 알리바바가 만든 혁신적인 오프라인 슈퍼마켓 허마셴성도 그중 하나다. 허마셴성

허마셴성에서 고객이 구매한 제품은 천장에 달린 컨베이어 벨트로 운반된다.

은 물건을 주문하면 반경 3km까지는 30분 안에 배달하는 것을 원칙으로 하는데, 이 덕분에 '허세권'이라는 웃지 못할 신조어도 탄생했다. 지하철역 근처의 역세권 아파트만 비싼 게 아니라, 본인의 아파트가 허마셴성 3km 내에 들어가 있다면 시세 차익을 누릴 수 있다고 한다.

상하이에 다녀온 사람들마다 허마셴성에 대한 이야기를 빼놓지 않았다. 실제 가보니 백화점 식품관 내지는 고급 슈퍼마켓 같다는 인상을 받았다. 그러나 그 인상은 금세 달라졌다. 우선 알리페이로만 결제가 가능했고 허마셴성 앱을 깔아야 장을 볼 수 있다는 조건이 붙는다. 자세히 보니 창고형 매장 같은 느낌도 들었다. 허마셴성에 가면 가장 먼저 천장에 달린 컨베이어 벨트가 눈에 들어온다. 사람들이 집에서 스마트폰으로 주문했거나 매장에서 구매한 제품들이 천장의 컨베이어 벨트로 끊임없이 지나다닌다. 이 장바구니는 배달 기사에게 전해지거나 구매한 손님에게 전달된다. 오프라인 매장에 방문한 사람들은 신선한 고기와 생선이 매장 내 레일을 통해 빠르게 배송되는 모습을 볼 수 있다.

이를 보면서 온라인의 대표격인 알리바바가 허마셴성이라는 오프라인 매장을 운영하는 이유가 아마존이 미국에서 홀푸드 마켓을 인수한 배경과 맞닿아 있다는 생각을 했다. 온라인에서는 제품을 빠르게 구매할 수 있지만, 오프라인만이 줄 수 있는 고객 경험을 선사하기는 어렵다. 가령 고객은 제품 자체의 신선도를 눈으로 직접 확인하고 싶은 니즈가 있다. 먹거리에 대해 상대적으로 덜 안전하다고 느끼는 중국 소비자들은 더욱 그러할 것이다. 허마셴성도 이에 주목했다. 오프라인 매장에서 직접 제품의 신선함과 품질을 확인할 수 있도록 '눈에 보이는 신선함'을 고객경험으로 확실히 인식시켰다.

허마셴성이 만든 신선식품 브랜드 르르셴Daily Fresh, 日日鮮도 이

중 하나다. 요일과 숫자를 결합해 해당 요일에 맞는 숫자의 제품을 진열하고 판매한다. 1은 월요일, 2는 화요일, 7은 일요일이라는 식이다. 보통 우리는 슈퍼에서 우유 하나를 사더라도 제조일자를 일일이 확인하고 가장최근 것을 구매하려 한다. 르르셴은 그런 방문자의 수고를 덜어주는 동시에 당일 만든 제품을 그날만 판매한다는 것을 강조

허마셴셩 르르셴의 제품 설명을 볼 수 있는 키오스크.

한다. 아울러 스마트폰으로 제품에 부착된 큐알코드를 스캔하면, 해당 제품이 어떤 농장에서 어떤 검사를 통과해 시장에 나왔는지를 고객이 쉽게 확인할 수 있도록 해두었다. 이 모든 행위가 허마셴셩의 앱으로 이루어져 고객 데이터로 모인다. 당일 판매가 가능한 것은 이처럼 데이터를 통해 예상판매 수량을 예측할 수 있기 때문이다.

허마셴셩의 디지털 체험은 여기서 끝이 아니다. 상하이에 다녀온 사람이라면 누구나 한 번씩 언급하는 로봇 레스토랑이다. 매

장 옆에 붙은 'Robot.He'라는 이름의 레스토랑은 매장에서 본인이 직접 고른 신선한 식재료를 스마트폰으로 주문해 조리방식을 선택하고 계산하면, 로봇이 해당 음식을 앉아 있는 자리로 배달해준다. 음료와 요리 등을 셀프로 결제해서 들고 갈 수도 있다. 물론 이러한 체험형 레스토랑이 개인적으로 아주 편한 것만은 아니었고, 이러한 방식이 얼마나 오래 어필할 수 있을까 궁금하기도 했다.

그러나 허마셴셩의 의도는 단순한 체험형 슈퍼마켓을 넘어서 다른 데 있다는 생각이다. 허마셴셩은 알리바바가 처음부터 철저히 온라인과의 연결을 염두에 두고 설계한 매장이다. 알리페이로만 결제할 수 있고 허마셴셩 앱을 깔아야 한다. 이는 자기만의 고객을 붙잡아둘 수 있는 확실한 수단이며, 실제 허마셴셩은 데이터를 기반으로 고객의 더 많은 니즈를 찾아내 서비스를 확대해가고 있다. 가정을 타깃으로 하는 걸 넘어서서 직장인들을 대상으로 독립된 서브 브랜드를 론칭한 것도 여기서 파생된 전략 중 하나다. 5000평방미터 규모의 허마셴셩은 기존대로 유지하고, 'Fast&Fresh'를 슬로건으로 삼은 F2라는 (약 800평방미터의) 작은 매장을 대형 오피스 빌딩에 입점해, 아침을 거르고 출근하는 직장인이나 가벼운 점심을 먹고 싶어 하는 직장인들을 타깃으로 신선제품을 조리해 판매하는 매장을 운영 중이다. 김일도 대표가 상하이의 요즘 외식 트렌드가 '경식Light Food'이라고 한 것과 일치하는 접근법이다.

시장의 변화는 새로운 경쟁자를 낳는다. 허마셴성을 경쟁자로 여겨야 할 곳은 어찌 보면 다른 슈퍼마켓이 아니라, 냉장고를 판매하는 삼성전자나 LG전자 같은 기업인지도 모른다. 허마셴성이 궁극적으로 꿈꾸는 세상은 중국 가정에 있는 모든 냉장고를 필요 없게 만드는 것이기 때문이다. 이처럼 신속하고 스마트한 신선제품 배달 서비스가 널리 퍼진다면? 최소한 고가의 대형 냉장고 판매에는 영향을 미칠 것이다. 그날 먹을 만큼의 재료나 신선식품을 배송받는다면 집에 작은 냉장고는 필요할지 몰라도 아주 큰 냉장고는 불필요하다고 생각할 수 있기 때문이다.

우리는 모두 코로나19라는 공통된 어려움을 겪으며 라이프스타일의 변화에 직면했다. 사회적 거리두기와 혁신적인 온라인 배송 서비스도 변화의 속도에 힘을 실었다. 지금까지 온라인 기반의 플랫폼 회사들이 '의(패션, 의류)'와 '주(집에서 사용되는 다양한 제품들)' 위주였다면, 이제부터는 마지막으로 남아 있는 '식' 분야의 혁신이 본격화될 거라는 전문가들의 분석에 동의하는 이유다. 기술의 변화는 책이나 언론에서 보고 아는 게 아니라, 우리의 삶에 스며들 때 자연스럽게 느껴지는 법이다. 미래학자 윌리엄 깁슨 William Gibson의 '미래는 이미 곁에 있다. 다만 널리 퍼지지 않았을 뿐이다The Future is already here, it's just not evenly distributed'라는 말은 상하이에 꼭 들어맞는 이야기였다.

_이승윤

테크 시티 상하이

김 : "상하이 여행 중에 비가 엄청 내린 날이 있어요. 택시를 잡으려는데 도무지 안 잡히는 거예요. 나중에 보니 택시 잡는 앱을 깔아야 잡을 수 있더라고요. 서울에서도 이제는 대부분 앱으로 택시를 타지만, 그래도 길가에서 지나가는 택시를 직접 잡기도 하잖아요. 신용카드나 카카오페이, 현금 등 결제수단에도 다양한 옵션이 있고요. 그런데 상하이에서는 단계적인 변화가 아니라 모든 게 한 번에 변했다는 느낌을 받았어요. 변화도 좋지만, 변화의 속도나 모양도 중요하지 않을까요?"

이 : "사실 저는 서울에서도 비슷한 경험을 했어요. 휴대폰 배터리가 방전된 순간 내가 택시를 못 잡으면 어떡하지, 공포심 비슷한 감정이 들더라고요. 별일도 아닌데 말이죠. 상하이에서도 당연히 비슷한 놀라움을 겪었죠. 디지털은 우리 삶과 밀접하게 관련되어 있어서 오히려 익숙함을 깨기가 힘들다고 봐요. 갑작스러운 변화가 바람직한 건 아니지만, 루틴을 벗어나서 새로운 옷을 입으려면 급진적인 자극이 필요하다고 생각해요. 상하이에 머물면 그런 생각들이 매 순간 들게 됩니다. 그게 상하이의 끝없는 성장동력 아닐까요."

허마셴성은 유통 기업인가 기술 기업인가

상하이의 도시재생이 만들어낸
F&B 공간들

2000년대 초반 내가 상하이에서 학교를 다닐 때 가장 유명한 '미식거리'는 우장루였다. 자타공인 대표 먹자골목이기도 했다. 양꼬치와 딤섬, 볶음밥 등 로컬스러운 음식 냄새와 김, 연기가 거리를 가득 채웠다. 거리의 지저분함이 보이지도 않을 만큼 많은 사람들로 북적였다. 공부를 마치고 돌아올 즈음, 우장루의 그 모습은 사라졌다. 중국 정부가 거리를 통째로 뒤집어엎고 대형 상가를 조성한 것이다. 비위생적이고 검증되지 않은 리어카의 음식들보다는 통제된 느낌도 나쁘진 않다고 그때는 생각했다.

2020년 1월, 생각난 김에 우장루를 찾았다. 그곳은 어떻게 변해 있을까 궁금증이 일었다. 거리 한가운데에 상가로 조성한 우

장루의 미식거리는 또 다시 공
사현장으로 바뀌어 있었다. 통째
로 바꾼 우장루를 또 다시 갈아
엎기 시작한 것이다. 강산이 두
번 변하는 동안 상하이의 풍경
은 빠르게 바뀌고 있었다.

그 우장루의 공백을 메꿔주
는 것이 평성리다. 지하철 2호선
의 난징시루역으로 나오면 우장
루가 펼쳐졌던 것처럼, 이제는 지
하철 12호선의 난징시루역으로
나오면 평성리로 이어진다.

미식거리의 초입에 과거의 역사를 보여주듯
'1980 우장루'라고 쓰여 있다.

평성리는 뭔가 주제도 없이 저질러졌던 우장루의 시즌2와는 달
리 계획적인 공간이다. 신천지에서 보이는 스쿠먼 건축방식을 개
조해 만든 복합공간으로, 중앙 광장을 기점으로 길게 뻗은 형태
로 구성되어 있으며 그 사이사이의 빌라에 브랜드들이 입점한 구
조다. 대부분은 리모델링을 했지만 일부는 옛날 모습을 그대로 살
리기도 했다. 신천지보다는 좀 더 새것 같은 느낌이 들지만, 근방
의 우장루와 타이구후이, 징안빌라 등의 조화를 염두에 둔 것인

지 과감하기보다는 신중하게 설계된 분위기다.

햇살이 비스듬히 내리쬐는 오전에 이 골목을 걸으면, 지하철을 타고 출근하는 사람들이나 식당의 영업을 준비하느라 분주한 스태프들, 잠시 짬을 내 담배를 피우는 모습이 눈에 들어온다. 괜히 정겨운, 일하는 사람들의 풍경이다. 간혹 예리한 인상의 관리자가 직원들을 모아놓고 아침조회하는 모습도 볼 수 있다.

난징시루의 또 다른 볼거리, 펑성리

난징시루 12호선 지하철역에서 나오자마자 펑성리가 시작된다. 펑성리의 1번 타자로는 이뚠一炖이라는 식당을 배치했다. 이뚠은 '푹 삶다'는 뜻으로 오골계나 갈비를 푹 고아 담아낸 탕이 주인공이다. 중국인은 탕을 좋아한다는 말이 자연히 떠올랐다. 이뚠은 식사 후에 뜨거운 탕을 들이켜기 좋아하는 식습관을 그대로 반영한 컨셉의 식당이다.

자리에 앉으니 물컵과 함께 큐알코드가 새겨진 나무토막 하나를 눈앞에 놓아준다. 주문도, 결제도 홈페이지에 들어가서 하라는 뜻이다. 고객을 홈페이지로 유입시킬 수 있고, 이것으로 데이터를 쌓을 수 있는 데다 직원의 수고를 덜 수 있으니 좋은 시스템이다. 다만 알리페이가 되지 않는 외국인이라 결국 아날로그 방식

지하철 난징시루역과 이어지는 펑성리, 스쿠먼 건축방식이 눈에 띈다.

쌀이 주인공인 커미는 외관만으로도 저절로 발길을 멈추게 되는 식당이다.

으로 주문했다. 개인적으로는 그냥 주문하는 게 더 빠르고 간편하지 않나 싶다. 정사각형 트레이 2개를 받아들었는데 하나는 주인공인 탕이고, 다른 하나에는 밥과 채소, 고기반찬과 절임반찬이 먹을 만큼만 담겨 있다. 트레이에 정갈하게 담아 내는 일식의 개념을 중식에도 대입했는데, 중국은 전혀 새로운 것을 만들기보다 자기들이 좋아하는 것에 조금 다른 방식을 도입해서 중화中華시켜 나간다.

또 다른 곳 커미嚕米는 쌀을 주인공으로 만든 식당이다. 식당에서 밥을 주인공으로 내세우기란 어렵다. 쌀에 대한 전문성과 깊이감을 보여주는 것도 어렵지만, 또 너무 깊어지면 진지한 걸 싫어하는 고객들에게 외면받을 수 있기 때문이다. 커미의 시도는 제법 과감하다. 외관에는 쌀을 진열한 부스를 설치해 이목을 끌고, 자칫 고리타분할 수 있는 전통성을 강조하기보다 쉽고 직관적으로 이해할 수 있도록 했다. 한자를 모르는 외국인이 지나가다 보아도 쌀이 이 집의 주인공이란 걸 알 수 있다.

음식은 밥과 어울리는 조합으로 이루어진다. 게살을 다져서 볶아 비벼먹거나 얹어먹기 좋은 찬을 통통한 밥의 대표적인 파트너로 선정했다. 물론 생선반찬이나 고기반찬, 카이센동까지 섭렵할 수 있는 것도 '밥'이 주인공이기 때문이다. 생각보다 문턱이 높은 가격에 외부 메뉴판만 보다가 그냥 가버리는 손님들이 더 많지만, 중국에서 이 정도 하는 밥집을 찾기가 쉽지 않기에 마니아가 많은 식당으로 보인다. 밥이 모자라면 한 그릇 더 리필해주는 건 '안 비밀'이다.

밥을 먹고 좀 더 걷다 보면 에스 엔진S. Engine이라는 커피가게가 나온다. 고객, 특히 여행자의 입장에서는 시그니처가 명확한 집이 좋다. 낯선 공간이나 익숙지 않은 브랜드를 접하면서 내가 무얼 골라야 할지 방황하지 않게 해주는 배려이자, 자신들이 어떤 것에 자신 있는지가 명확하다는 증거일 테니까. 내 맘대로 해석하고 싶기도 하지만, 어떻게 봐야 하는지에 대한 가이드가 있어도 좋다.

에스 엔진은 스스로가 어떻게 보이고 싶은지가 확실했다. 어떤 커피를 팔고 싶어 하는지가 메뉴판에서도, 심지어 커피맛에서도 확실하게 느껴진다. 그들이 추구하는 스페셜티 커피를 대중에게 조금이라도 더 알리고 싶다는 느낌인데, 특정 타깃을 노리거나 커피 좀 한다고 우쭐대는 느낌이라기보다 커피를 잘 몰라도 좋아질 것 같은 순한 맛이다. 커피뿐 아니라 매장 곳곳에도 자상함이 묻어난다. 복층 전반에 걸쳐서 커피를 만드는 공간을 확인할 수 있게끔 설계되어 있고, 계단을 오르는 중의 'WATCH OUT' 표시에서조차 그들의 브랜드 컬러가 눈에 들어온다. 가장 마음에 드는 건 핸드드립 커피를 시켰을 때 나오는 트레이인데, 자신들의 커피에 대해 설명한 명함 사이즈의 종이를 꽂을 수 있도록 자체 제작한 것이다. 이 커피에서 어떤 맛이 나는지를 자세하게 서술해 놓았다. 달고 쓰고 시고에 대한 그래프, 꽃향과 복분자의 맛을 느껴보라는 친절한 설명이 실제로 눈에 쏙 들어왔다. 커피에 정답이 있는 건 아니지만, 내 마음속의 정답이라 할 만큼 이곳의 커피가 기억에 남았던 이유는 이러한 자상함 때문이다.

트래픽이 많이 일어나는 공간에 브랜드를 입점시켜야 하는 외식업자의 눈으로 매긴 펑성리의 점수는 후하다. 잘될 만한 식당들을 포지셔닝이 겹치도록 몰아넣지도 않았고, 객단가가 다른 밥집들을 균형 있게 구성하되, 특별한 외식이 될 만한 다이닝을 넣는 것도 잊지 않았다. 근사한 카페와 더불어 현지 사람들이 부담 없이 즐길 카페, 구스아일랜드 같은 굵직한 펍과 스몰비어를 함께 구성해 밥, 카페, 술까지 폭넓은 시간대를 커버할 수 있게끔 했다. 외부 유입을 노리되 현지 거주민들에게 외면받지 않도록 균형을 맞춘 배려에 특히 높은 점수를 주고 싶었다. 지하철 입구에서 나오면서 이곳을 지나치지 않을 수 없게끔 만든 것도 플러스 요인이다.

디자이너와 셰프의 만남, 코뮨소셜

성수동, 문래동, 제주 원도심, 인천 개항로 등 우리나라에서도 도시재생이라는 이름으로 지역경제에 활기를 불어넣는 작업이 이루어지고 있다. 옛것과 요즘의 조화를 선호하는 MZ세대와 청년 창업의 붐, 투자자들의 니즈가 맞물려 도시재생은 당분간 트렌드가 될 것이다.

도시재생에서 자주 쓰이는 방법은 오래되었지만 가치 있는 건물의 용도를 변경하는 것인데, 상하이에서 유독 그런 공간들에 가볼 기회가 많았다. 코뮨소셜은 영국 경찰서로 쓰이던 건물을 레스토랑으로 리노베이션한 곳으로, 상하이 시민들뿐 아니라 외국인에게도 예약이 어려운 핫플레이스가 되었다. 상하이를 거점으로 대활약중인 건축 디자인 듀오 네리 앤 후Neri & Hu의 오피스Design and Research Office를 기반으로 만들어진 이곳은 'Design republic commune'이라는 큰 테마 아래, 1층에는 디자인 리퍼블릭 쇼룸과 볼라Vola, 그리고 코뮨소셜The Commune Social이라는 레스토랑이 있다. 2층에는 작은 테라스가 딸린 위스키바가 있어서, 칵테일 및 주류를 만들어 아래의 레스토랑으로 내려준다. 3층엔 오피스와 갤러리 공간도 만들어놓았다. 식당은 야외 중정을 포함해 100석 가까이 되지만 중정이 3분의 1 정도를 차지하는 규모라

네리 앤 후의 디자인 리퍼블릭.

각 음식파트마다 사람들의 얼굴을 일러스트로 그린 코뮨소셜의 메뉴판이 흥미롭다.

겨울에는 사용 가능한 테이블이 급격히 줄어든다. 공간은 의도한 것인지 몰라도 분할된 구조로 이루어져 있어서 서로 다른 공간감을 준다. '이곳'과 '저곳' 같은 느낌으로 와닿는다.

메뉴판의 가운데는 코뮨소셜이라는 로고를 중심으로 중세 유럽영화에 나올 듯한 인물화가 그려져 있는데, 각각의 인물들은 육류, 그릴, 채소, 해산물 등의 파트를 맡고 있다. 별도로 내어주는 헤드셰프의 시그니처가 담긴 데일리 스페셜 메뉴판에는 음식 말고도 주류까지 포함되어 있다.

핫플레이스의 명성과 달리 생각보다 높지 않은 가격의 메뉴들을 시켜보면, 양이 그렇게 많지 않은 '스패니시 타파스'라는 것을 알 수 있다. 놀랄 만큼 예쁘게 플레이팅된 음식들의 디테일한 터치에 사진부터 찍고는 어디서부터 무너뜨려야 할지 고민하다 한 입 베어 물면, 프레젠테이션뿐 아니라 식재료 선정에서부터 식감과 온도감, 그리고 재료 간의 조합을 염두에 두고 만든 초고수의 작품임을 느끼게 된다. 셰프는 익숙한 식재료와 낯선 식재료를 과감하게 섞어서 그들이 원하는 맛을 이끌어간다. 날것에 충분히 익숙하지 않은 상하이 사람들을 고려한 것인지 날것의 타르타르는 가니쉬를 통해 최대한 가려두기까지 했다.

대충 어떤 맛일 거라는 예상을 툭툭 깨고 단맛과 짠맛, 신맛과 쓴맛을 자유자재로 넘나드는 음식을 연출한 셰프는 바로 스페인 레스토랑 엘불리 출신의 제이슨 에터튼$^{Jason Atherton}$이다. 네리 앤 후의 디자인 하우스 디자인 리퍼블릭이 이곳의 대표성을 띠기는 하지만, 셰프의 명성 역시 결코 지나칠 수 없는 포인트다. 재료와 재료의 조합, 그 조합과 소스의 어우러짐, 타파스와 와인과의 조화를 즐기며 시간을 보내고 나면 결코 생략할 수 없는 순서인 디저트가 찾아온다. 파인 다이닝에서나 볼 법한 재미난 디저트를 맛보다 보면 이 레스토랑이 왜 그토록 인기 있는지 알게 된다. 이름난 디자이너와 실력 있는 셰프의 조합은 이 레스토랑의 요리만큼이나 신선하다. 디자인과 요리라는 두 개의 카테고리는 폭넓은 고객을 끌어올 수 있는 데다 서로에게 손해볼 것 없는 시너지를 낸다. 우리나라에서도 종종 이런 조합을 볼 수 있다면 얼마나 좋을까 싶었던 식사. 나부터도 도전해보고 싶다는 생각이 들었다.

시간을 품은 스토리는 사람들을 끌어들인다

신천지에 가는 날은 늘 비가 왔다. 맑은 하늘 아래 테라스에 앉아 맥주 한잔 하는 상상을 종종 해보지만, 정작 날씨 좋은 날이면 사람들로 가득찬 신천지를 빠져나오느라 정신이 없었다. 신천지에 늘 비가 왔다고 느끼는 것은 내 기분 탓일 수도 있다. 한국에서 손님이 오면 늘 맞은편에 있는 상하이 임시정부청사에 갔다 숙연해진 마음으로 신천지를 걸었는데, 비라도 오는 날이면 그 마음이 축축해서 비온 기억이 더 강하게 남았는지도 모르겠다. 대부분의 사람들이 임시정부청사에 들렀다가 신천지에선 기분전환만 하고 돌아가지만, 신천지에는 백범 김구 선생의 일가가 살았던 영경방 10호의 생가가 있다. 지금은 바베네VA BENE라는 이탈리안 레스토랑이 들어서 있어서 그 흔적이 전혀 남아 있지 않지만, 그 안에서 식사를 하다 보면 영화의 한 장면처럼 그 시절을 그려 볼 수 있다. 지금의 신천지야 서구적인 느낌의 금싸라기 땅이지만 당시에는 가장 가난한 사람들이 살던 동네로, 실제 김구 선생님의 어머니인 곽낙원 여사는 중국인들이 요리하다 버린 채소 껍질들을 주워다 끼니를 해결할 만큼 궁핍했다고 한다. 'Va bene'는 이탈리아어로 '괜찮아'라는 뜻인데, 가슴 한 켠이 애잔해지는 내 마음을 읽고 해주는 말인 것 같았다. 신기하게도 이번 여행에서도 신천지에 가면 비가 많이 내렸다.

스쿠먼 양식의 역사문화 보존과 지역개발이라는 두 가지 목적으로 추진된 성공적인 도시재생의 대표적 사례는 누가 뭐라 해도 신천지다. 가장 상하이스럽다는 이미지를 떠올릴 법한 건축물의 전통적인 느낌과 세련미를 다 살려낸 신천지에서도 초입에 있는

스쿠먼 양식이 그대로 살아 있는 신천지에서 만난 바베네 레스토랑.

스타벅스는 도시재생의 상징처럼 느껴진다. 거의 20년이 되도록 모범 디자인 사례로 꾸준히 언급되고 있고, 그간 수많은 카페들이 생겨났는데도 사람들이 좋아하는 카페로 열 손가락 안에 꼽히고 있다. 상하이 고유의 건축물 농탕에 스타벅스 간판만 툭 붙여 놓은 느낌인데, 20년 전 재건축이 아닌 재생건축을 했다는 게 놀랍다. 오래된 건물의 힘, 시간을 품고 있는 힘에 대해 다시 한 번 생각해보게 되는 곳이다.

최근 츠타야 서점이 오픈해서 화제가 된 컬럼비아 서클도 스토리를 품은 공간 중 하나다. 중국어로는 상생신소上生新所라고 한다. 말 그대로 새롭게 생겨난 곳이라는 의미인데, 1924년에 생겨서 100년이 다 되어가는 곳의 이름을 그렇게 지은 이유는 도시재생의 의미와 관련이 있지 않을까?

컬럼비아 서클의 용도는 중화인민공화국의 건국이념을 세운 국부 쑨원의 아들이자, 중화인민공화국 고위 간부인 쑨커의 개인별장이었다. 총 21개의 번호로 이루어진 복합단지인데 위워크 같은 공유 오피스와 일반 사무공간, 이탈리안 레스토랑, 카페, 바, 가구부터 의류까지 다양한 매장들로 구성되어 있다. 일부 공간에선 전시와 특별 행사를 진행하기도 한다.

처음 컬럼비아 서클에 대한 정보를 접한 곳은 인스타그램이었다. 중국에서는 인스타그램이 공식적으로 사용 불가인데도 인스타그래머블한 공간이라며 다들 인증샷을 100장씩 남기고 간다. 해시태그를 검색해보아도 인생샷을 위한 인증샷 일색이다. 그중 가장 힙한 공간은 옛날 미 해군들을 위한 수영장이 있는 곳인데, 지금은 카페와 펍의 배경으로 쓰인다. 이처럼 공간이 지닌 스토리의 힘이 사람들을 불러모으고 사진을 남기게 하니, 이보다 더 자연스러운 마케팅이 있을까?

컬럼비아 써클 옆으로는 띵시루가 이어진다. 아기자기하거나 감각적인 외국 감성의 식당들이 즐비한 쥐루루나 안푸루와 달리, 다운타운을 벗어난 로컬스러운 음식점이 많은 동네다. 앞으로 상하이에서 도시재생으로 어떠한 공간들이 새롭게 태어날지 기대하는 동시에, 우리의 도시재생에서는 어떤 기회가 있을지 찾아봐야겠다는 생각을 안고 돌아왔다.

_ 김일도

건축이 주도하는 상하이의
이색적인 공간들

개인적으로 특별히 건축에 조예가 깊다고 할 수는 없지만, 도시를 여행하다 보면 건축의 힘이 얼마나 대단한지를 새삼 깨닫는다. 시민들이 도시의 인프라를 충분히 누리도록 하는 것도 건축의 역할이지만, 지킬 것은 지키고 바꿀 것은 바꾸는 것도 건축의 역할이다. '삶은 건축이고 건축은 삶의 거울이다Life is architecture and Architecture is the mirror of life'라는 유명 건축가 이오 밍 페이Ieoh Ming Pei의 말 역시 결국 건축이 만든 공간이 삶의 방향을 바꿔놓을 수 있다는 의미일 것이다. 도시의 질은 어쩌면 해당 도시의 건축물에 의해 만들어진다고 볼 수 있다. 공간에 거주하는 사람들의 삶의 질 향상을 위해, 도시도 계속 성장하고 달라져야 한다.

중국은 경제적으로 급격히 성장한 만큼, 건축과 디자인이라는 측면에서도 무서운 속도로 발전하고 있다. 특히 중국의 상업적 중심지라 할 수 있는 상하이에는 하루가 멀다 하고 새로운 건물이 들어서고 있다.

이러한 상하이의 모던 디자인과 건축을 이끄는 세계적인 듀오가 바로 네리 앤 후다. 부부이자 사업 파트너인 린든 네리Lyndon Neri와 로사나 후Rossana Hu가 만든 회사 네리 앤 후는 중국 출신이라는 것을 언급하는 게 의미가 없을 만큼 세계 전역에서 활동하고 있지만, 그들의 행보는 사실상 와이탄으로부터 시작된다.

와이탄은 황푸강의 고층빌딩들과 동방명주가 보이는 환상적인 야경으로 유명하나, 실제 가보면 와이탄을 근사하게 만들어주는 것은 거리에 늘어선 유럽풍 건물들이다. 와이탄은 중국 근대역사에서 외국인이 처음으로 거주한 지역으로, 1840년대 난징조약으로 강제 개항을 하면서 외국인들이 대거 유입되었다. 당시 상하이에 도착하면 처음 만나는 일종의 관문 같은 곳이었고, 영국 조계의 영향으로 와이탄에는 영국식 석조건물이 들어서기 시작했다. 와이탄 거리의 건물들에는 각각의 번호가 매겨져 있으며 저마다 사연이 존재하니 그것을 찾아 대조해보는 것도 재미있을 것이다. 다만 과거의 와이탄이 은행 등의 자본가에 의해 움직였다면, 지금

와이탄은 언제나 여행객들과 현지인들로 가득하다. 밤이 되면 전혀 다른 분위기가 된다.

조엘로부숑의 아뜰리에와 미슐랭 1스타 광동요리 전문점인 하카산이 있는 와이탄 18호.

의 와이탄은 관광객, 건축가, 패션 디자이너, 유명 셰프들이 주도하는 듯 보인다. 여행객과 현지인들은 황푸강 너머를 바라보며 약 1.5km의 길을 걷고 와이탄 골목의 레스토랑에서 음식을 먹고 마시며 와이탄을 즐긴다.

특별한 날이 아니어도 와이탄은 상하이 사람들이 모두 모인 것처럼 어마어마한 인파로 붐빈다. 특히 야경을 즐기는 시간대에 동방명주를 배경으로 사진을 찍으려면 좋은 자리가 나기를 기다려야 할 정도다. 이러한 와이탄을 만든 첫 번째 신호탄은 바로 '쓰리 온 더 번드Three on the Bund'라는 건물의 리노베이션 프로젝트다. 와이탄 3호인 쓰리 온 더 번드는 일반인에게는 미슐랭 3스타인 장 조지의 레스토랑이 있는 건물로 잘 알려져 있으며, 리노베이션을 거쳐 와이탄의 핫플레이스로 자리매김했다. 그 후 와이탄의 오래된 석조건물들에 유명 레스토랑이나 바가 들어서면서 지금의 와이탄으로 탈바꿈한 것이다. 네리 앤 후는 쓰리 온 더 번드 프로젝트의 현장 감독을 맡은 것을 시작으로 상하이에서 여러 프로젝트를 진행하게 되었다고 한다.

우리는 와이탄을 걸으며 야경을 즐긴 후 석조건물들이 도열한 골목으로 들어와 레스토랑을 탐험해보았다. 유럽의 오래된 건물에나 있을 법한 묵직한 문을 열고 들어가면 현대풍 맛집이 나타나 반전을 즐기는 재미가 펼쳐진다. 앞에서 말한 것처럼 네리 앤 후는 쓰리 온 더 번드 프로젝트를 성공시킨 후 상하이에 트렌디한 공간들을 쏟아내기 시작했다. 코뮨소셜 레스토랑, 워터하우스 호텔, 테이블 넘버원, 수코타이 호텔, 뉴 상하이 극장까지 상하이의 수많은 핫플레이스가 이들 듀오의 손에서 탄생되었다.

2018년 상하이에 오픈한 부티크 호텔 수코타이 상하이The Sukhothai Shanghai는 네리 앤 후가 건물 외관만 디자인한 것이 아니라 로비부터 객실, 스파까지 모두 총괄한 호텔이다. 수코타이는 태국의 럭셔리 호텔 브랜드지만, 수코타이 상하이는 동남아 리조트에서 연상되는 이미지와 거리가 있는 모던한 느낌이다. 스타벅스 리저브 로스터리까지 도보로 5분, 타이구후이 쇼핑몰과는 직접 연결되어 도심 여행에 최적화된 만큼 수코타이 상하이는 어반 럭셔리 부티크 호텔을 표방한다. 나 역시 편리한 접근성과 호텔의 분위기를 보고 이번 상하이 여행의 숙소로 택했는데 실제 시설이나 웅대가 매우 만족스러웠다.

호텔의 홈페이지를 찾아보니 네리 앤 후는 물, 돌, 나무, 꽃, 실크라는 다섯 가지 자연주의적인 테마로 이 호텔을 디자인했다고 한다. 호텔의 이곳저곳에 예술품이 진열되어 있는데, 단순히 고가의 유명 작품들을 고른 것이 아니라 모두 네리 앤 후의 자연친화

주의가 자연스럽게 드러나는 것들이다. 그중 로비에 설치된 작품 '사계절Four Seasons, a 1000 years'은 도쿄 오다이바와 서울의 DDP 등에서도 화제가 된 글로벌 아티스트 그룹 팀랩Tim Lab의 디지털 캔버스 작품이다. 천 년 전 방식으로 농사 짓는 일본의 시골마을 타시부노쇼의 일상을 그린, 아니 보여주는 이 작품은 디지털 아트를 표방하는 팀랩답게 타시부노쇼의 실시간 날씨를 반영해 디지털 캔버스의 계절과 날씨가 시시각각 달라진다고 한다. 실제 전혀 디지털처럼 보이지 않는 것이 더 놀라웠다.

네리 앤 후의 건축과 디자인 철학은 전통을 현대적으로 재해석하거나 동양과 서양의 믹스 앤 매치를 꾀하는 것이다. 호텔이 자연친화적인 테마로 꾸며졌는데도 자칫 올드하게 느껴지거나 동양적이지만 않고 감각적으로 보이는 이유였다. 상하이의 스타일리시한 디자인을 보고 싶다면, 이들 듀오가 디자인한 레스토랑이나 카페에 가서 차를 마셔봐도 좋고, 여유가 된다면 그들이 디자인한 호텔에 머물러보기를 권한다. 서울에서 네리 앤 후의 건축을 보고 싶다면, 도산공원에 위치한 설화수 플래그십 스토어를 추천한다. 아름다움을 밝히는 등불이라는 의미를 살려 건물 전체를 '랜턴Lantern'이라는 컨셉으로 설계한 이 곳은, 네리 앤 후가 즐겨쓰는 황동색 브라스나 나무, 돌 등의 소재가 눈에 들어와 단번에 알아볼 수 있다.

유명 건축가들이 랜드마크 격인 건물을 설계하여 도시에 존재감을 인식시키는 것이 어제 오늘 일은 아니다. 우리가 상하이에 갔을 때는 번드 파이낸스 센터The Bund Financial Center가 막 오픈해 화제가 되고 있었다. 그중에서도 핵심 건물인 포선 파운데이션 아트 센터Fosun Foundation Art Center는 영국 유명 건축가 토머스 헤더윅과 노먼 포스터의 협업으로 완공 전부터 기대를 받고 있었다. 이 건물의 포인트는 멀리서도 눈에 띄는 파사드로, 중국을 대표하는 상징물 중 하나인 대나무를 금색 알루미늄 테슬로 만들어 건물의 외관을 겹겹이 둘러싼 형태다. 멀리서 보면 오르간처럼 보이는 이 대나무 모양의 테슬이 정해진 시간대에 'Dancing Building'이라는 음악에 맞춰 움직이기에 춤추는 빌딩이라는 애칭을 얻었다고 한다. 우리도 움직이는 모습을 보려고 경비원에게 물어본 후 기다렸다 사진을 찍고 돌아왔다.

시간이 허락된다면 건물 루프탑에 위치한 카운터 스카이가든Counter Sky Garden에 들러보는 것도 추천한다. 일본의 유명 아티스트 미야지마 타쓰오가 디자인한 이 가든은 300개의 LED 라이트가 바닥에 깔려 있는데, 각각의 LED 라이트가 9부터 1까지 각기 다른 속도로 카운트다운된다. 아티스트는 이 건물이 상하이에서

멀리서도 눈에 띄는 번드 파이낸스 센터의 포선 파운데이션 아트 센터.

살아가는 이들과 함께 호흡하기를 원했고, 실제 상하이에 거주하는 300명을 선정해 그들이 구, 팔, 칠, 육 이렇게 카운트다운하는 속도를 측정해 LED 라이트에 반영했다고 한다. 각각의 LED 라이트에서 보여지는 숫자들의 변화는 상하이를 살아가는, 서로 다른 개성을 지닌 이들의 아이덴티티를 반영한다고 볼 수 있을 것이다. 건축가가 만든 공간이 우리에게 좀 더 다르게 와닿는 이유는 멋있게 지은 것도 있겠지만, 건축을 통해 우리에게 새로운 의미를 제안하고, 그 의미가 도시의 변화를 주도하기 때문일 것이다. 우리가 공감하는 것도 그 때문일 것이고.

상하이의 곳곳에는 유명 건축가의 건물이 아니어도 옛것을 현대식으로 잘 살린 공간이 많다. 요즘 서울의 성수동이나 을지로에서 오래된 공장이나 창고를 활용한 카페나 레스토랑 등의 상업 공간들이 보이는 것처럼, 이번 여행에서 우연히 만난 웨이하이루의 위워크도 그러한 점에서 눈에 띄는 공간이었다.

교수라는 직업의 특성상 학생들과 그들의 미래에 대해 이야기할 기회가 많은 편이다. 젊은 대학생들이 자신의 미래와 관련해 가장 많이 언급하는 단어 중 하나가 '창업'이다. 창업 아이템을 논의하다 보면 자연스럽게 창업을 시작하는 공간 이야기로 이어지는데, 과거와 달리 사무용 건물을 찾기보다 패스트 파이브, 스파크플러스, 위워크와 같은 코워킹 스페이스를 언급하는 이들이 대부분이다. 지금이야 창업자이자 CEO였던 애덤 뉴먼의 방만 경영으로 미국 증시에서 IPO(기업공개)가 무산되어 유니콘 기업의 추락 사례로 언급되고 있지만, 2010년 뉴욕 맨해튼의 한 건물에서 시작해 10년 만에 전 세계 120여 개 도시에서 800개가 넘는 지점을 운영한 위워크가 우리의 일하는 방식을 완전히 바꿔놓았다는 것은 그 누구도 부인할 수 없다. 서로 창의적인 영향력을 주

공장의 분위기를 띠면서도 컬러풀한 계단과 구조물 덕분에 아티스트의 공간처럼 느껴지는 웨이하이루 위워크.

고받는 '공유 커뮤니티'를 표방하는 위워크의 전략은 자연히 내부 인테리어를 구성하는 방식에도 영향을 미친다. 여행지에서 그 도시에 위치한 위워크에 가보면 그 도시의 진짜 매력을 공간적으로 느끼는 동시에, 그 공간을 빛내는 매력 넘치는 로컬 피플들 또한 만날 수 있을 것이다.

웨이하이루에 위치한 위워크는 일부러 숨겨놓은 것처럼 눈에 띄지 않는 곳에 있다. 길가의 철문 안쪽을 우연히 들여다보다 발견했는데, 골목을 따라 들어가다 보면 주변의 오래된 분위기와 조금 다른, 위워크라 쓰인 현대식 건물이 모습을 드러낸다. 나중에 알고 보니 이곳은 1930년대까지 아편공장으로 쓰이던 곳을 상하이의 로컬 문화를 가장 잘 드러내도록 리노베이션했다고 한다. 안에 들어가니 로비 사이즈가 일단 매우 컸다. 내부는 현대식이라기보다 붉은색 벽돌과 콘크리트로 되어 있는데, 녹색으로 칠

해진 계단과 철골 구조물이 범상치 않은 분위기를 자아낸다. 아울러 하늘이 훤히 보이는 유리 천장과 높은 층고, 청동 와이어로 달아놓은 동그란 전등이 어우러진 공간에 들어서면 '나도 여기서 한번 일해보고 싶다'는 마음이 든다. 마음 같아서는 반나절 정도 여기서 일도 하고 책도 읽고 싶었지만 사정이 여의치 않아 아쉽게 돌아섰는데, 일하는 공간에 대한 고민을 안고 있다면 웨이하이루의 위워크에 꼭 방문해 영감을 얻어보길 권한다.

소 도축장의 변신, 1933 라오창팡

기업 관계자들과 투어를 다니다 보면 도시재생과 도심재생의 차이에 대해 생각하게 된다. 물론 거의 같은 의미로 쓰이지만, 도시의 중심에서 어느 정도의 접근성을 가지고 있는지가 꽤 중요하기 때문이다. 언젠가 상하이의 한 잡지에서 하얼빈루에 위치한 작은 다리를 찍은 사진을 본 적이 있다. 다리 한쪽에는 상하이 사람들이 살고 있는 농탕이 있고, 다리를 건너면 예술단지Arting street가 시작되는 풍경이었다. 상하이를 다니며 가장 기억에 남는 것 중 하나가 오래된 건물과 근래에 지어진 건물들이 오묘하게 대조를 이루는 풍경인데, 하얼빈루의 다리 위에서는 오래된 건물들과 근래에 지어진 건물, 저 멀리 있는 동방명주까지 한눈에 들어온다. 과거와 현재, 그리고 미래가 다 들어간 모습이다. 다리를 건너면 《이상한 나라의 앨리스》처럼 다른 세계로 넘어가는 기분이 든다. 하얼빈루 자체가 영화 세트장 같기도 하고 성수동이나 을지로 골목길을 걷는 느낌도 든다. 우선 '라오양항老洋行1913'이라는 글자가 쓰인 시계탑 같은 건물이 보이는데, 알고 보니 미술관이었다. 멀리 보이는 음악구音樂谷라는 간판을 향해 물길 따라 걷다 보면 제법 운치 있는 건물들을 지나서 상하이 뮤직밸리Shanghai music valley가 나온다. 이정표를 보니 여러 개의 건물들이 모여 있는 구성이다. 그 옆에 있는 오래된 웅장한 건물이 바로 상하이1933, 소도축장을 개조한 복합공간 라오창팡이다.

1933년에 영국인에 의해 설계되었고 당시 도축장으로 쓰이다 용도가 바뀌기를 거듭한 이곳에는 카페와 상점, 그리고 디자인 관련 오피스와 회사, 전시 공간들이 입주해 있다. 소가 다니던 곳이라고 말하지 않아도 들어서자마자 작은 콜로세움에 들어간 기분이 들 만큼 건물 외벽을 비롯한 전체적인 감도는 무겁다. 입구를 통과하면 내부에 또 하나의 건물이 있고, 그 사이를 메워주는 콘크리트 미로 같은 여러 개의 다리가 보인다. 그곳이 도축장으로 들어가는 소들이 다니던 통로라는 걸 알게 되면 기분이 예사롭지 않다. 여타 공간들과는 달리 묵직한 스토리가 느껴진다. 과거

걸어다니다 보면 공간의 스토리가 느껴지는, 그래서 더 의미 있게 느껴지는 라오창팡.

를 상상하는 것도 잠깐, 현실로 돌아와보면 공간과 공간 사이에는 카페와 레스토랑, 오피스가 있고, 요가원도 있다. 쇼핑할 수 있는 매장도 있고, 미술품이나 음악 관련 매장, 아이들이 게임할 수 있는 상점도 있어서 가족끼리도 올 수도 있고, 데이트하거나 친구들끼리 와도 좋은 곳이다. 실제 서로 사진을 찍어주는 대학생들이 보였고, 모델이 상업용 사진을 촬영하는 모습도 볼 수 있었다.

기업의 관계자들과 공간을 통해 비즈니스 인사이트를 찾는 투어를 하면서 몇 가지 느낀 점이 있다. 우선 이슈가 되는 공간과 가야 할 명분이 있는 공간은 분명 다르다. 또한 보기에만 예쁘고 좋은 공간과 실제 수익이 되는 공간을 구분할 수도 있어야 한다. 기억에 남는 공간을 만들고 운영해 나가는 것은 또 다른 차원의 문제다. 우리나라에도 라오창팡 같은 곳들이 생길 수 있을까? 꼭 도시재생이 아니더라도 공간으로 고객을 끌어들여야 하는 기업에게 기억에 남는 공간을 만드는 것은 묵직한 숙제임이 분명하다.

_ 이승윤

도시재생과 건축

이 : "저는 새로운 나라에 가면 가급적 그 나라, 그 도시의 박물관에 가보는 편이에요. 그 도시의 역사를 아는 사람들만이 이해할 수 있는 오묘한 뉘앙스가 있거든요.
어찌 보면 상하이의 와이탄은 여행자들에게 그런 박물관 같은 역할을 합니다. 그 도시의 레이어와 역사를 품고 있는 곳이고, 무엇보다 실제 보고 듣고 느끼며 걸어볼 수 있잖아요. 이 책에 소개한 건축가의 공간들도 모두 상하이의 맥락을 지닌 곳들입니다."

김 : "도시가 달라지는 방법은 여러 가지가 있어요. 도시재생이라는 이름으로 옛것을 활용해 새것을 만들기도 하고, 도시계획을 세워서 아예 새로운 도시를 만들기도 하고요.
이때 F&B는 사람들이 와야 할 이유를 만들어주는 역할을 해요. 단정지을 수는 없지만, 도시재생이라는 씬에서는 상대적으로 작지만 유니크한 브랜드가 매력적이에요. 하지만 새롭게 들어선 도시에서는 누구나 아는, 낯익은 브랜드가 힘을 발휘합니다. 상하이의 도시재생 공간을 다니면서도 비슷한 걸 느꼈죠."

건축이 주도하는 상하이의 이색적인 공간들

상권과 여행,
타이구후이와 스타벅스의 상하이

일도씨패밀리의 첫 번째 해외진출은 대만의 수도 타이페이였다. 몇 차례 현지 백화점에서 팝업 스토어를 열어 시장조사를 해본 결과 '해볼 만하다'는 판단이 섰다. "장사 뭐 별거 있나? 좋은 자리 나오면 계약해서 사업자등록증 내고 문 열면 되지!"라는 단순한 계산법이었다. 몇 개의 식당을 오픈한 후 상권 보는 눈도 어느 정도 생겼고, 다른 리스크야 장사만 잘되면 만사 오케이라며 자신 있게 밀어붙이던 시절이었다.

타이페이에서도 내가 눈여겨본 곳은 서울의 압구정로데오거리에 비견되는 동취東區였다. 잘 차려 입은 젊은 친구들이 글로벌 브랜드와 편집숍을 돌면서 돈을 쓰는, 핵심 로컬로 주목받는 상권에 매장을 오픈하자마자 입소문을 타며 사람들이 줄을 섰다. 상권도 중요했지만 매장을 준비하면서 의식했던 건 날씨였다. 첫 매장을 연 시기는 2014년 10월말이었는데, 마침 타이페이의 뜨거운 여름이 한꺼풀 꺾이기 시작한 때라 출발부터 순조로웠다.

타이페이에서 장사를 하면서 서울과 가장 크게 다르다고 느낀 점이자 예상하지 못했던 변수는 여름이 길다는 거였다. 대만은 1월부터 봄 날씨고 3월부터 덥다고 느꼈으며 5월에는 이미 서울의 가장 더운 날보다 뜨겁다. 간단히 말해 1년에 반 이상은 여름이라는 뜻이고 늘 덥거나 비가 왔다. 당연히 그런 날들은 매출이 저조했다.

세 번째 겨울이 돌아왔을 때 상권이 죽었다고 느꼈다. 서울에서 온 내가 보기엔 별로 춥지도 않은데 이 더운 나라 사람들은 길거리로 나오지 않았고 날씨와 상관없는 쇼핑몰로 몰려갔디. 때마침 지하철 두 정거장 거리에 있는 101타워 주변에 꽤 괜찮은 쇼핑몰 두 개가 연달아 생기면서 상권이 그쪽으로 확 이동한 느낌이었다. 그렇게 겨울이 지나고 여름이 되면서 쏠림 현상은 더 심해졌다. 우리 매장 주변 상권은 확실히 예전 같지 않았고, 타이페이 사람들은 죄다 쇼핑몰에 가 있는 듯했다.

그도 그럴 것이 백화점과 백화점 사이에서는 각종 버스킹이 펼쳐졌고 각각의 백화점(쇼핑몰)에는 꽤 괜찮은 외식 브랜드들이 저가형부터 고가형까지 골고루 들어섰으며, 전국과 해외의 유명 카페 및 디저트 브랜드가 모두 입점해 있었다. 그곳에 가면 101타워 관광뿐 아니라 쇼핑, 맛집부터 여가생활까지 원스톱으로 누릴 수 있었다. 심지어 타이페이의 변덕스럽고 혹독한 날씨에 구애받지 않았으니, 해당 상권이 커지면 커질수록 그 안에 모든 라이프스타일이 자연스럽게 녹아들면서 사람들은 더욱 몰리게 되었다.

타이페이의 오래전 풍경을 꺼냈지만 서울에 사는 우리에게도 이미 익숙한 장면일 것이다. 도쿄와 홍콩에서도 '몰링'은 하나의 영역으로 정착했고 계속 진화해가는 중이다. 서울 역시 타임스퀘어와 코엑스, IFC몰, 더 현대 서울 등이 차례차례 나름의 몰링을 구축해가고 있다. 외식업을 하는 입장에서 몰링은 무시할 수 없는 상권이자 흐름이다. 게다가 쇼핑몰에서는 입점기준을 까다롭게 책정하기에 브랜드 입장에서는 입점 자체가 대중의 인정을 받는다는 뜻이기도 하다. 자연히 일도씨패밀리의 매장들도 '몰'에 입점하는 비중을 높게 잡는 편이다.

상하이 이야기로 돌아와보자면 20년 전의 상하이 여행은 심플했다. 낮에는 한국의 인사동 분위기가 나는 예원을 구경하고 저녁이 되면 인민광장을 기점으로 난징동루의 보행자 거리를 쇼핑하듯 관광하며 와이탄에 도착, 황푸강 건너편으로 보이는 푸동의 화려한 야경을 구경하는 코스로, 하루면 충분했다. 많은 여행사가 '상-소-항'이라는 코스를 만들어 상하이, 소주, 항주를 3박4일 패키지 상품으로 돌렸고, 상하이가 차지하는 비중은 비행기가 도착하는 첫날과 돌아오는 마지막 날 정도였다.

지금은 전혀 상황이 달라졌다. 이제 여행객들은 가이드의 깃발을 따라 정해준 여행 포인트에 들러 사진만 찍고 다음 장소로 이동하기보다 '여행은 살아보는 거야'라는 에어비앤비의 슬로건처럼 그 도시 사람들의 일상에 조금이라도 더 발을 들여보려 한다. 나 역시 이번 상하이에서 사람들이 먹고 마시는 일상적인 곳들에 가급적 많이 가보려 했다. 그러다 보니 예전과는 조금 다른 곳들을 다니게 되었다. 그중에서도 과거 상하이 여행의 메인 코스였던 난징동루에서 벗어나게 해준 것이 바로 '타이구후이太古匯'였다. 상권의 이동을 따라가니 상하이의 일상이 보였다.

상하이 다운타운의 랜드마크, 타이구후이

외식업을 하는 입장에서 여러 몰을 돌아다니며 입점 브랜드를 체크하거나 맛집에 가보는 것은 재미의 영역을 뛰어넘어 지극히 당연한 여행코스다. 밥도 하루 세끼만 먹는 게 아니라 가급적 여러 곳에서 조금씩(?) 먹으면서 다양하게 둘러본다. 이번에 가보고 싶었던 몰은 타이구후이였다. 2017년 오픈한 타이구후이는 상하이 다운타운의 지각변동을 일으킨 주인공이자, 단숨에 세 손가락 안에 꼽히는 쇼핑단지로 급부상한 쇼핑몰이다. 우선 입지부터 남다르다. 맛집 거리 우장루와 스먼이루, 난징시루가 교차하는 곳에 세계 최대 규모의 스타벅스 리저브 로스터리와 더 미들하우스 호텔과 레지던스, HKRI 센터, 네리 앤 후가 디자인한 수코타이 상하이 호텔까지 아우르고 있다. 쇼핑몰은 난징시루 지하철역의 여러 출구와 이어지며 우리나라 지도처럼 남북으로 길게 뻗어 있고, 스타벅스 리저브 로스터리가 마치 제주도처럼 떨어져 있다.

타이구후이의 리테일을 간략히 살펴보면 크게 F&B와 패션, 뷰티 그리고 라이프스타일로 나누어져 있고, 패션 매장만큼이나 F&B 매장이 많은 것이 눈에 띈다. F&B는 디저트의 비중이 가장 크고, 중식과 아시안, 웨스턴을 3대 2대 1 정도로 구성했다. 근래에 만들어진 쇼핑몰들을 놓고 보면, 이 정도가 가장 이상적인 비율로 보인다.

3층엔 제법 굵직한 아시안 다이닝들이 입점해 있다. 늘 인기 많은 딘타이펑과 그보다 더 대기가 긴 홍콩 요리, 홍콩식 휘궈, 베트남 요리가 있고, 일본식 샤브샤브 매장이 복도를 테라스처럼 활

타이구후이의 엘 나시오날, 바르셀로나 복합 레스토랑을 통째로 옮겨온 MD의 능력이 놀랍다.

용하면서 지나가는 사람들의 후각을 자극한다. 이런 매장은 안쪽에 배치된 만큼 핸디캡은 있다. 2층엔 별다른 F&B가 없고, 우리나라에도 진출한 뉴욕 출신의 컵케이크 디저트 카페 치카리셔스를 지나면 화장품 브랜드들이 본격적으로 등장한다. 지하 1층은 와이포지아外婆와 엘 나시오날El Nacional Shanghai이 지하 2층에 진입하기 직전에 마을 초입의 기념물처럼 자리잡고 있다. 상하이를 휩쓴 중국 가정식 레스토랑 와이포지아는 외할머니집이라는 뜻이다. 엘 나시오날은 바르셀로나에서 가장 인기 있는 셀렉트 다이닝인데, 바르셀로나 최고의 복합 레스토랑을 통째로 옮겨온 MD의 능력에 놀랄 수밖에 없었다. 게다가 레스토랑 내부를 들여다보니 적당히 간판만 달아놓은 것이 아니라 현지 셰프들이 주방에서 직접 요리를 하고 있었다.

　지하 2층의 음식들은 대체로 가볍다. 일본 가정식, 베트남 쌀국수, 하이난지판, 포케, 우육면, 샐러드와 파스타 등의 매식으로 이루어져 있고 홍콩의 슈퍼마켓 체인 시티슈퍼Citysuper가 유동인구를 보탠다. 일반적으로 몰에서 마트는 매장과 다른 층에 입점하는 게 일종의 공식인데, 럭셔리와 웰빙을 메인 컨셉으로 하는 시티슈퍼가 들어가니 오히려 하나의 매장처럼 어우러져 시너지가 난다. 지하철 난징시루역과 연결되어 있어 자발적 트래픽 외에도 강제적인 트래픽 요소가 추가되니 매출이 날 수밖에 없다.

몰은 갈수록 커진다. 예전에는 '쇼핑'하기 위해 갔지만 이제는 쇼핑을 하지 않아도 가족끼리 시간을 보내거나 데이트를 하고 친구를 만나러 몰에 간다. 몰은 사람들에게 자꾸 새로운 체험을 할 기회를 제공해야 한다. 한번 들어오면 다시 나갈 필요가 없이 몰 안에서 다 끝나게끔 가두어둘수록, 사람들은 점점 몰리고 머물며 경험하고 소비한다.

타이구후이는 몰의 성공 공식을 그대로 보여주는 곳이다. 줄서는 로컬 맛집이나 글로벌 브랜드를 소싱해서 맛객들을 끌어들이고, 글로벌 대형 슈퍼마켓으로 식재료 쇼핑 고객들을 끌어들여 유동인구를 더한다. 그리고 여기에 반드시 와야 할 이유를 하나 더했다. 스타벅스 리저브 로스터리!

상하이 스타벅스 리저브 로스터리의 와우 포인트

여행지에서는 유독 '생각이 드는' 순간과 '느낌을 받는' 순간을 구분짓게 된다. 상하이 스타벅스 리저브 로스터리는 유독 많은 생각이 드는 곳이었다. 가장 먼저 눈에 들어오는 점은 다른 나라 스타벅스 리저브 로스터리와 달리 '서버'가 있다는 것. 바와 베이커리 섹션을 둘러보는 손님에게 스태프가 먼저 다가와 말을 건다.

내가 기억하던 중국 사람들의 응대가 맞나 싶을 만큼 프로페셔널한 애티튜드와 멘트로 능숙하게 안내를 돕는다. 자본주의적 태도라기보다는 꽤 친근한 느낌이다. 바가 아닌 일반 테이블석에 앉아 있어도 직접 주문을 도와주고 결제까지 진행해준다. 음료는 직접 가지러 가야 하지만 디저트는 가져다준다. 담당 직원이 자신의 이름을 밝히고 손님의 이름을 부른다. 처음 온 손님이 대다수일 텐데 마치 단골을 대하는 느낌의 서비스가 이루어진다. 이런 초대형 매장과 밀려드는 인파를 커버할 수 있을까 싶으면서도 한편으로는 '상하이'라서 가능하다는 생각이다. 빠르고 편리하게 진행되는 모바일 결제 시스템이 한몫했다고 본다.

중국은 글로벌 강국이며 상하이 역시 국제도시지만, 도쿄에서나 볼 법한 응대와 프로페셔널함을 이끌어낸 스타벅스의 저력은 어디까지일까 하는 놀라운 마음이 든다. 옷을 의자에 걸쳐두었더니 스태프가 와서 옷 바구니를 챙겨주는 세심함을 보인다. 심지어 물을 달라고 해도 한 잔 한 잔 직접 가져다준다. 가만히 매장을 둘러보니 기내의 승무원처럼 물을 들고 다니는 서버들이 보인다. 매장의 위생을 담당하는 직원들은 꾸준히 매장을 돌며 지저분함을 걷어낸다. 초대형 매장이기에 이런 '마이크로 서비스'의 반전효과는 더욱 극적이다. 다른 나라 매장들과 비교해보아도 결국

서비스의 디테일을 완성하는 상하이 스타벅스 리저브 로스터리의 서버.

가장 큰 변수는 서비스와 사람이라는 본질을 보여주는 교과서적인 예시다.

음향과 조명, 공조 역시 기대 이상이다. 원두를 로스팅하고 식히고 운반하는 기계가 돌아가고 많은 사람들이 북적거리며 각자의 소리를 내는 와중에도 음악이 귀에 들어온다. 그 소음을 뚫고 나오려면 음악을 꽤 크게 틀어야 할 텐데 어느 자리에 앉아도 거슬리지 않게 들린다. 조명은 어두운 곳은 충분히 어둡게, 밝은 곳은 충분히 밝게 비추지만 이 역시 특별히 티가 나지 않는다. 마치 왼손이 하는 일을 오른손이 모르게 하는 것처럼. 사방이 유리문이고 곳곳에 출입구가 있고 열을 발산하는 기계가 있는데 온도 유지도 잘 된다. 덥지도 춥지도 습하지도 건조하지도 않고 바람이 느껴지지도 않는다.

훌륭한 브랜드는 눈으로 보이는 '와우 포인트WOW point' 말고도 이처럼 보이지 않는 부분에 기술과 자금을 투입해 스스로 '격'이 다른 브랜드로 거듭나는 능력을 갖고 있다. 외식업을 하는 입장에서 놓치지 말아야 할 것은 반짝이는 아이디어나 트렌디함보다 기본을 다하여 업그레이드하는 능력이다. 자주 찾는 곳은 고객에게 편안함을 주어야 하고, 일부러 찾아가는 곳은 고객에게 많은 생각을 하게 해주는 것이 브랜드의 영원한 숙제가 아닐까. 스타벅

멀리서도 눈에 띄는 상하이 스타벅스 리저브 로스터리. 매장 하나가 엄청난 유동인구를 만들어낸다.

스는 이 두 가지를 보란 듯이 해결하며 그 어떤 브랜드도 가본 적 없는 길을 개척해가고 있다.

사실 상하이 스타벅스에서 감탄한 포인트는 다른 중국의 매장들처럼 규모로 밀어붙일 줄 알았던 예상을 뒤엎고 서비스와 디테일을 승부수로 내세운 점이다. 모든 업종이 그렇겠지만 변화가 빠른 외식업에서 1위를 수성하기란 어렵고 또 어렵다. 커피업계에서도 많은 브랜드들이 오프라인 매장 출점전략으로 규모를 키우다 포화상태에 빠져 조금씩 무너지기 시작했는데, 스타벅스는 리저브 매장을 통해 스페셜티 커피로 한 단계 올라섰고 로스터리 매장을 통해서는 경쟁자들을 뒤로 하고 글로벌 1위의 위용을 굳건히 했다. 커피뿐 아니라 밀라노의 로코 프린치 베이커리와 티바나Teavana, 믹사토 바BAR MIXATO를 통해 빵과 차 그리고 위스키바에 대한 영역확장의 가능성을 열어두었고, 콜드브루 바와 사이폰드립, 푸어오버드립처럼 추출방식에서도 최고 수준임을 보여주고자 하는 의지가 돋보인다.

상하이에서 유학하던 시절 아르바이트로 여행사 가이드를 한 적이 있다. 그때는 여행코스가 상권을 살린다고 생각했는데, 이제 외식업자의 관점에서 보면 오히려 상권이 여행을 주도하는 느낌이다. 실제로도 그러할 것이다. 많은 여행자들이 타이구후이 혹은 그 인근의 호텔을 숙소로 정하고 필수 코스처럼 스타벅스 리저브 로스터리 상하이를 즐긴다. 성지순례처럼 이곳에 들러 사진을 찍고 쇼핑몰에서 식사를 하고 쇼핑도 한다.

난징시루는 글로벌 명품숍이 즐비한 청담동 명품 거리 같은 스타일로, 외국인들보다는 상하이 사람들이 차려 입고 나서던 곳인데, 타이구후이가 들어서고 주변이 정비되면서 재조명되었다. 예전에는 신천지와 임시정부청사, 그리고 각종 백화점이 즐비한 화이하이루가 담당했던 쇼핑 스트리트의 역할을 스타벅스 리저브 로스터리를 중심으로 구축된 타이구후이가 가져오면서 지각변동이 일어난 것이 눈에 들어왔다. 쇼핑의 거리 난징시루와 타이구후이 쇼핑몰, 펑셩리의 먹거리뿐 아니라 실제 거주인들의 생활을 엿볼 수 있는 징안빌라를 지나 플라타너스 거리를 따라 걷다 보면 상하이의 매력에 쉽게 빠질 수 있다. 여행의 첫날, 혹은 하루를 할애하기에도 적절한 코스다.

_ 김일도

나이키와 아디다스,
애플과 삼성이 팬을 만드는 전략

도시를 만드는 게 공간이라면 그 공간을 특색 있게 만드는 중요한 주체 중 하나는 브랜드가 아닐까? 상하이에 가면 저절로 이런 생각이 들 만큼 세계 500대 글로벌 브랜드들이 미래형 스토어를 표방하며 컨셉 플래그십 스토어를 오픈하고 있다. 상하이는 디지털이 일상에 깊숙하게 자리잡은 도시이자 수천만 명의 잠재고객이 사는 만큼 브랜드의 미래를 가늠하기에 적절한 테스트 마켓이다.

이러한 이유로 상하이에서는 새로운 브랜드를 탐방하는 재미 못지않게 같은 카테고리에서 경쟁하는 브랜드들을 비교해보는 것도 인상적이었다. 그중 하나가 바로 나이키와 아디다스였다.

내가 스포츠 브랜드에 관심을 갖게 된 것은 달리기 덕분이다. 개인적으로 달리기는 나의 오래된 취미 중 하나다. 석사 유학을 떠난 영국 웨일즈에서부터 바다를 따라 달리던 것이 지금까지 이어져, 별다른 일이 없으면 저녁 일찍 귀가해 한강변을 달리는 것이 일상의 큰 즐거움이자 습관으로 자리잡았다. 자연히 나이키가 만든 운동 관련 제품들과 오랜 친구처럼 함께해왔다. 흥미로운 사실은 나를 비롯한 많은 사람들의 '뛰는 행위' 자체는 변함이 없지만, 뛰는 행위에 '고객경험'을 입히는 나이키의 시도는 디지털 시대에 발 맞추어 계속 변해가고 있다는 것이다.

나이키는 이제 단순히 질 좋은 운동복과 운동화를 만드는 데 그치지 않는다. 그들의 또 다른 무대는 디지털이다. 가령 나이키 런클럽 같은 모바일 앱으로 오늘 달린 거리를 기록하게 하고 그 행위에서 재미를 느끼게 한다. 앱을 즐기는 과정은 게이미피케이션 요소와도 일맥상통한다. 나이키런클럽에서는 지난 달 대비 내가 얼마나 덜 혹은 더 달리고 있는지 매일의 기록을 관리해주고, 목표 기록을 갱신하면 온라인에서 리워드 뱃지를 달아준다. 스포티파이Spotify라는 음원 제공 서비스와 제휴해 나의 러닝 속도와 운동 스타일에 맞춰 음악도 큐레이션해준다. 이처럼 나이키는 디지털에 맞는 방식으로 달리기에 가치를 부여하는 행위를 추진하고 있다. 상하이의 나이키 플래그십 스토어에서 그들의 이런 의도를 더욱 깊숙이 이해하고 동참할 수 있었다.

'운동'이라는 컨셉을 어떻게 팔까

난징동루에 위치한 나이키 미래형 스토어는 'Nike of Innovation 001'이라는 타이틀을 달고 있다. 이름에서 알 수 있듯 방문객들이 나이키의 혁신을 체험할 수 있는 미래형 체험매장으로, 넘버 000은 뉴욕에 있는 나이키 플래그십 스토어다. 나이키가 자신의 미래를 소개하고자 동양권에서 첫 번째로 선정한 도시가 바로 상하이다.

매장은 크게 '스토리텔링Storytelling', '큐레이션Curation', '쌍방향 참여Interactive Participation', '퍼스널리제이션Personalization'이라는 네 가지 컨셉을 중심으로 구획되어 있다. 전체적으로 매장을 돌다 보면 마치 잘 설계된 나이키의 디지털 웹 사이트에 들어와 있는 느낌이다. 1층에는 각종 최첨단 기술로 무장한 나이키 신발과 운동복들이 혁신을 극대화하는 형태로 디스플레이되어 있다. 평범한 스포츠 매장이라면 제품이 놓여 있고 매장 직원이 제품에 적용된 기술이나 특징을 설명해줄 텐데, 이곳에는 이렇다 할 설명이 없다. 대신 매장을 방문한 고객이 있는 그대로 혁신을 느낄 수

체험 공간, 나이키 기능성을 보여주는 디스플레이, 나이키 전시장 같은 공간 구성 등 상하이의 나이키 미래형 스토어에서는 이 모든 것들이 하나가 되어 '운동'이라는 컨셉을 보여준다.

있도록 구성했다. 제품의 기능성을 강조하는 대신 미래를 진단하는 예술품 전시회 같은 디스플레이로 소비자가 직접 보고 느끼도록 했다. 가령 운동화의 최첨단 방수기능을 보여주기 위해 투명 박스 안의 운동화가 물에 어떻게 반응하는지를 일종의 실험처럼 기획해 두었다. 실제 물 웅덩이를 건너뛰거나 비가 내리는 날 물을 맞는 상황을 연출한 것이다. 이를 보는 고객들은 나이키 운동화의 최첨단 기능을 설명 없이도 눈으로 확인할 수 있다. 재킷도 마찬가지, 계속 비가 내리는 것처럼 물을 맞는 상태로 진열되어 있다. 체험을 기반으로 한 색다른 스토리텔링이 이 공간의 백미라고 느꼈다.

1층이 나이키의 기능을 어필하는 매력의 장이라면, 지하는 나이키 신발을 신고 마음껏 놀 수 있는 체험장이다. 사람들은 디지털화된 바닥 위에서 나이키 운동화를 신고 춤을 추면서 점수를 따거나 농구화를 신고 농구를 한다. 러닝화를 신고 트레드밀을 달리는 미션도 있었는데 참가자들의 미션 점수는 중앙 기둥의 큰 벽면에 디지털로 보여진다. 즉 경쟁심을 자극하여 높은 점수를 올린 사람이 멋있어 보일 수 있도록 사회적 인지 리워드Social Recognition reward를 주는 것이다. 1층을 방문한 고객들은 자연스레 지하에서 나이키 운동화를 신고 신나게 운동을 즐기는 사람들을 내려다보게 된다. 오프라인 공간에서 적극적으로 쌍방향 참여를 이끌어내려는 나이키의 공간적인 시도가 느껴졌다.

이러한 경험을 하며 나이키 제품을 사고 싶은 생각이 들면, 2층에 올라갈 차례다. 2층에서는 내부 전문가로부터 자신에게 맞는 나이키 제품을 추천받을 수 있는데, 자연스럽게 해당 전문가의 이력을 벽면에 보여주고 특별히 마련된 룸에서 신발과 운동복을 추천받는 구조다. 이 공간에서는 전문가의 큐레이션을 제공받는 느낌마저 들었다.

3층에 올라가면 마치 나이키 전시장에 온 듯한 느낌을 받는다. 아주 오래전에 출시된 운동화부터 다양한 리미티드 에디션 제품들이 벽을 가득 채운 형태로 전시되어 있다. 나이키 운동화를 커스터마이징 방식으로 만들 수 있는 'Nike by you'라는 세션도 운영 중이다. 내가 간 날은 3층에 가장 사람이 많았는데, 마치 나이키 랩에 근무하는 연구원들처럼 자기만의 스타일로 운동화를 만드는 데 관심을 보이는 고객들이 꽤 많았다. 고객들에게 어떤 방식으로 정교하게 개인화된 경험을 줄 것인지 오랜 기간 고민해 온 것이 여실히 느껴졌다. 스포츠 브랜드가 아니라도 라이프스타일에서 중요한 비중을 차지하는 기업이라면, 이 매장에서 자신의 브랜드를 어떻게 보여주고 설득해야 할지 힌트를 얻을 수 있을 것이다.

나이키 매장을 나오면 바로 건너편에 아디다스 매장이 보인다. 이곳 역시 나이키처럼 '체험'을 컨셉으로 매장을 구성해 고객들과 긴밀하게 소통하려 한다. 공간 곳곳에 아디다스가 판매하는 농구화를 신고 친구나 가족과 함께 농구할 수 있는 공간을 마련해두거나, 러닝화를 신고 트레드밀에서 뛰면서 자신에게 맞는 운

나이키와는 대조적으로 아디다스 매장에서는 중국 문화가 직접적으로 연상된다.

동화를 전문가와 함께 고르는 세션도 만들어두었다.

다만 아디다스 매장의 분위기는 나이키와 약간 대조적이었다. 가령 우리나라 나이키 매장과 상하이의 나이키 매장은 디테일이나 규모가 다를 뿐 매장의 컨셉이나 분위기는 비슷했는데, 아디다스는 좀 더 중국 문화가 직접적으로 연상되는 컬러나 문양으로 상하이라는 외형적 컨셉에 치중한 느낌이었다. 굳이 그럴 필요가 있었을까? 나이키가 디지털화에 맞춰 마치 온라인 웹 사이트로 걸어들어간 느낌을 준다면, 아디다스는 젊은 중국 친구들이 좋아하는 다채로운 게임이나 만화 캐릭터에 맞춘 유니크한 운동화와 운동복을 판매함으로써 차별화를 꾀했다.

아쉬운 점은 디테일이다. 나이키는 모든 매장을 에스컬레이터가 아닌 투명 엘리베이터와 계단을 통해 사람들이 오가도록 해둔 반면, 아디다스는 에스컬레이터를 타야만 각 층으로 이동할 수 있다. 건물 자체의 특성상 그랬을 수도 있지만, 고객에게 '운동'이라는 컨셉을 진지하게 팔고자 한다면 어떤 공간구성을 택하는 게 좋을지는 굳이 말하지 않아도 알 것이다. 무엇보다 극명한 차이를 보인 것은 매장 직원들의 응대였다. 나이키의 직원들은 카메라로 아무리 세세하게 찍어도 제지하기는커녕 오히려 자리를 비켜주며 배려한 반면, 아디다스 매장의 직원들은 매장 입구만 찍었는데도 얼른 다가와서 카메라를 집어넣으라는 제스처를 취했다. 바이럴 효과를 생각하면 어느 쪽이 도움이 될지 알았을 텐데 개인적으로 아쉬운 대목이었다.

나이키와 아디다스처럼, 상하이에서는 동일한 타깃을 두고 격전을 벌이는 브랜드의 경쟁이 흥미로운 관전 포인트가 된다. 스마트폰 시장에서 서로 경쟁관계를 이루는 삼성과 애플 역시 상하이의 난징동루에서 길 하나를 사이에 두고 자리하고 있다.

비슷해 보이지만 다른 애플과 삼성의 플래그십 스토어

전 세계에서 가장 강력한 팬덤을 지닌 브랜드 중 하나가 애플이다. 애플을 좋아하는 애플 팬보이Apple Fan Boy 집단을 흔히 '애플빠'라 부른다. 브랜드 전문가들은 애플빠의 중심에는 애플이 정교하게 만든 '체험'이 존재한다고 말한다. 그리고 이 체험의 핵심에 애플이 직접 운영하는 애플 스토어가 있다.

지금이야 사람들이 신제품이 나왔다 하면 줄을 서는 곳이지만, 흥미롭게도 스티브 잡스가 애플의 제품을 판매하는 오프라인 매장을 열었을 때, 대부분의 언론이 이번만은 애플이 실패할 거라 예측했다. '멋진 제품을 만들어내는 것'과 그 제품을 '유통시켜 판매하는 것'은 전혀 다른 영역이기에, 메이커Maker인 애플이 유통Distributor의 역할에서는 고전할 거라 판단한 것이다. 결과는? 우리가 아는 대로다. 애플 스토어는 2001년 미국 버지니아에 첫 번째 스토어를 오픈한 이후, 매년 놀라운 매출 성적을 경신하고 있다. 2017년 코스타CoStar가 분석한 리테일 데이터에 따르면, 애플 스토어는 1평방피트per square foot당 5546달러의 매출을 기록하며, 미국에서 단위 면적당 가장 큰 매출을 내는 스토어로 승승장구하고 있다.

난징동루 초입의 애플 스토어도 이러한 인기와 매출을 입증하듯 사람들로 붐비고 있었다. 사실 애플 스토어보다 궁금했던 곳은, 2019년 삼성이 야심차게 애플의 맞은편에 오픈한 삼성 갤럭시 플래그십 스토어였다. 삼성은 최근 몇 년 동안 경험과 제품을 함께 파는 전략을 취해왔다. 그에 따라 단순히 제품만 판매, 홍보하는 것이 아니라 삼성이 판매하는 여러 IT 관련 제품의 경험을 직접적으로 전달하는 장소를 만들어왔다.

2019년, 삼성은 소설《해리포터》의 주인공들이 마법학교행 열차를 타는 곳으로 알려진 런던의 킹스크로스역 인근에 약 560평 규모의 브랜드 체험공간인 '삼성 킹스크로스'를 오픈했다. 뉴욕의 하이라인 부근 미스패킹 디스트릭트에 오픈한 '삼성 837', 도쿄 하라주쿠 갤럭시 타워의 '갤럭시 하라주쿠'도 방문객들이 삼성전자의 다양한 제품을 자유롭게 체험하는 공간이다. 물론 매장 규모가 아주 큰 것은 아니어서 상하이의 매장과는 성격이 또 다르다.

삼성이 상하이에 체험매장을 오픈한 것은 또 다른 의미가 있다. 전 세계 스마트폰 판매량 중 4분 1가량이 팔릴 만큼 중국은 세계 최대 규모의 스마트폰 시장이다. 결국 스마트폰 시장에서 성장하려면 중국에서 반드시 시장점유율을 높여야 한다는 결론이 나온다. 2013년 삼성은 중국 스마트폰 시장에서 20%의 점유율을 기록하며 1위를 차지했고 압도적인 브랜드 선호도를 보였지만, 지금은 양상이 다르다. 시장조사 업체 스트래티지 애널리틱스의 보고서에 따르면, 2019년 3분기 삼성전자의 중국 내 스마트폰 시장점유율은 0.6%에 불과하다. 삼성이 호령하던 스마트폰 시장은 이제 비보와 오포, 샤오미 등 가성비를 앞세운 중국 브랜드의 몫으로 돌아갔으며, 외국 업체로는 애플이 뒤를 잇고 있다.

삼성전자는 2019년 중국이 5G 통신을 시작하는 시점에서, 다시 과거의 영광을 찾으려는 노력을 전면적으로 시작했다. 상하이 최대 번화가 난징동루에 중국에서 가장 큰 갤럭시 플래그십 스토어를 낸 것도 그 전략 중 하나다.

매장은 2개 층으로, 1층은 삼성 최신 휴대폰과 전자기기들을 만져볼 수 있는 일반 매장의 형태다. 핵심 존은 2층인데 정중앙에 고객들이 편안하게 앉아서 2층 전체를 조망할 수 있도록 계단 형태의 공간을 마련해 두었다. 이 장소에서 머물러도 괜찮다는 메시지를 담은 존이다. 그 밖에 2층은 여러 테마로 공간이 나누어져 있는데 '커넥트Connect'라는 공간은 일종의 독립된 거실로 들어가는 느낌을 준다. 삼성이 만든 도어락을 누르고 들어가면 삼성 TV, 삼성 로봇 청소기, 삼성 공기청정기 등 삼성이 만든 스마트 기기와 갤럭시가 어떤 조화를 이루며 우리 삶을 변화시킬 수

삼성 플래그십 스토어의 커넥트와 게이밍 존.
우리 삶에서 갤럭시와 삼성의 스마트 기기가 어떤 역할을 하는지 체험할 수 있다.

나이키와 아디다스, 애플과 삼성이 팬을 만드는 전략

있는지 체험하는 공간이다. 우리는 갤럭시를 이용해 텔레비전을 켜고 청소기를 돌려 보고, 공기청정기의 기능을 테스트할 수 있다. '게이밍Gaming' 존은 삼성의 스마트폰을 게임 전용 모니터에 연결해 최신 게임을 할 수 있도록 해두었다. 편하게 소파에 앉아 게임을 해도 좋고 영상을 보아도 좋다.

삼성과 애플 매장이 서로 마주보고 있기에 자연히 비교하게 되었다. 삼성 플래그십 스토어는 생긴 지 얼마 되지 않았고 삼성 휴대폰의 중국 총판 업체가 직접 운영, 관리하는 이유로 개선할 부분이 많이 보였다. 체험형을 주력으로 하는 컨셉은 같지만 몇몇 아쉬운 디테일이 눈에 띄었다. 우선 체험이란 방문객들이 적극적으로 해당 제품을 가지고 놀 수 있도록 해주어야 하는데, 삼성전자의 플래그십 스토어에 놓인 스마트폰은 거치대에서 떼어내서 사용할 수 없도록 묶어놓은 경우가 많다. 분실 위험은 줄어들겠지만, 이렇게 함으로써 방문객이 편하게 휴대폰을 써보기가 어려워진다. 더 아쉬운 건 스마트폰의 디자인에 비해 도난방지를 위해 연결된 잭들이 지나치게 투박하다는 점이다. 한마디로 디테일에서 감동을 줄 만한 요소들이 그리 많지 않다.

애플과 비교해보면 그 차이점은 더 커진다. 애플 역시 도난방지 잭이 휴대폰에 부착되어 있지만 잘 보이지 않도록 뒤쪽에 부착되

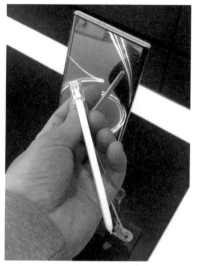

리테일의 고객경험은 아주 사소한 디테일에서 엇갈린다.

어 있는데다 줄이 얇아서 사용을 방해하지 않는다. 심지어 몇 개
는 아예 도난방지용 잭에 연결되어 있지도 않았다.

　중국, 특히 상하이에서 애플과 삼성의 브랜드 파워는 차이가
있을지 모른다. 그런 점을 감안하더라도 방문했을 당시 삼성 갤럭
시 스토어는 이제 막 오픈해서인지는 몰라도 사람들이 그리 많지
않은 모습이었다. 반면 반대편의 애플은 여전히 많은 사람들로 붐
비고 있었다. 난징동루에 있는 애플 스토어의 지하에 내려가면,

나이키와 아디다스, 애플과 삼성이 팬을 만드는 전략

사람들이 편하게 애플 직원에게 무언가를 묻고, 애플의 기기로 무언가를 끊임없이 배우고 있다. 같은 테이블에서 친구처럼 편하게 섞여서 이런저런 이야기를 나누는 모습을 보면 누가 고객이고 누가 판매원인지 알 수 없을 정도다. 애플 지니어스라 불리는 직원들이 입은 붉은색 유니폼만이 그 둘을 구별할 뿐이다.

애플 스토어는 '팔지 마라, 경험하게 하라'는 미션 아래, 방문한 사람들에게 최고의 경험을 제공하자는 기조로 매장을 운영한다. 물건을 사도록 유도하기보다 방문한 소비자들이 애플 매장에서 여러 제품들을 만져보고, 이러한 경험을 통해 애플 브랜드에 대한 애정Attachment을 느끼도록 매장을 운영하는 것이다.

'찐친'이라는 말이 있다. 언제든 헤어질 수 있는 친구가 아니라 어떤 상황에서든 나를 도와주는 진짜 친구를 뜻한다. 찐팬 역시 마찬가지다. 디지털 시대 많은 기업들이 자기만의 찐팬을 찾는 데 열을 올린다. 수많은 대체재가 하루가 멀다 하고 쏟아져 나오는 (심지어 온라인은 더욱더 치열하다) 세상에서 살아남으려면, 우리 제품과 서비스를 진정으로 사랑해줄 충성심 높은 고객이 있어야 한다. 찐팬은 단순히 좋은 제품과 서비스만으로 만들어지지 않는다. LG전자의 노트북을 좋은 기능 때문에 사는 사람들은, 삼성전자가 더 나은 노트북을 만들면 바로 갈아탈 것이다. 결국 찐팬을 만드는 것은 대체불가능한 정서적 경험이다. 과거 국내의 애플 팬보이들이 '애플 맥'이라는 사용하기 불편한 제품을, 그 불편한 경험을 스스로 극복해가며 곁에 두었던 것은 애플이 준 잊지 못할 고객경험 때문일 것이다. 그 경험 중 일부는 아마 애플 스토어에서 그들을 열정적으로 맞이한 애플 직원들이 만든 게 아닐까. 상하이의 크고 작은 브랜드들을 돌아보는 동안 기발한 아이디어나 이색적인 마케팅을 보는 재미도 컸지만, 결국 이 모든 것의 중심에는 경험을 만들어가는 사람들이 있다는 사실을 여러 번 실감했다. 도시를 만드는 게 공간이라면 공간을 만드는 건 브랜드고, 브랜드를 만들어가는 것은 당연하게도 사람이다.

__ 이승윤

팬덤을 만드는 매장

김 : "이번 상하이에서 외식업자로서 가장 눈여겨본 곳은 역시 스타벅스 리저브 로스터리였어요. 스타벅스의 브랜딩 전략이 놀랍고 부러웠죠. 거기에 이르기까지 치열한 고민과 노력과 투자가 있었겠지만, 결과만 놓고 본다면 스타벅스를 사랑해주는 팬들이 있기 때문에 이렇게 자신 있는 플레이를 할 수 있는 것 아닐까요? 팬이 있으니까 든든한 마음으로 뭐든 시도해볼 수 있는 거죠."

이 : "제가 생각하는 팬덤은 굉장히 정서적이고 감성적인 거예요. 마음이 움직이지 않은 소비자들은 더 나은 기능의 제품이 나오면 냉정하게, 그리고 빠르게 갈아타기를 하거든요. 가령 애플의 팬보이들은 '우리와 함께 미쳐서 세상을 혁신시키자'는 애플의 정서적 화두에 공감하는 사람들이죠. 팬덤은 일종의 문화를 만들어가는 축입니다. 팬덤을 가진 기업들이 세계관을 이야기할 수밖에 없는 이유예요. 스타벅스, 나이키가 그려나가는 미래 또한 팬덤을 빼놓고 논할 수 없을 겁니다."

상하이의 그 골목,
쩐시엔루와 쥐루루

내가 사는 동네에 안재식당이라는 작은 밥집이 있다. 안재만이라는 사장님 이름에서 따온 상호인데 따뜻한 밥이 생각날 때마다 가다 보니 어느덧 단골이 되어버렸다. 맛도 맛이지만 그 집에 가면 기존에 내가 공식처럼 여기던 식당 시스템과는 다른 음식들이 나온다. 가령 따끈따끈한 밑반찬 같은 건데, 전부는 아니어도 일부 반찬이 따뜻하게 나온다는 것은 손님이 올 때마다 요리를 한다는 것이니 효율 면에서는 마이너스다. 메뉴도 계절마다 획획 바꾸고 자기가 하고 싶은 메뉴는 마진에 관계없이 도전한다. 외식업에서 효율은 비용과 직결되니 업자 입장에서 보면 다소 어리석은 일이지만 손님 입장에서는 매력적이다. 사장님이 1년 넘게 고생한

끝에 다행히 안재식당은 제법 손님이 많은 인기 식당이 되었다.

안재식당을 자주 다니면서 어느 시점부터 이 식당과 정반대되는 나의 고민이 또렷해졌다. 매장을 여러 개 운영하다 보면 '시스템'을 우선시하게 된다. 다양한 시도를 하면서도 늘 한결같은 맛을 유지하는 데 많은 노력을 기울인다. 맛의 좋고 나쁨과 관계없이 지난 번 먹었던 그 맛과 같아야 한다. 게다가 매장 한 곳을 주인이 하고 싶은 대로 하는 것은 해볼 만한데, 여러 개의 매장을 다 잘되게 하는 것은 생각만큼 쉽지 않다.

그도 그럴 것이 우리만의 매력을 알리다 보면 단골도 생기고 어느덧 줄 서는 매장이 되어 있지만, 매장이 알려지고 개수가 늘어나면 사람들이 '자기만의 맛집'이라는 리스트에서 그 가게를 슬며시 지우기 때문이다. 너무 흔해져버린 느낌이 드는 것이다. 브랜드 입장에서는 지금껏 스몰 브랜드로 사랑받아온 유효기간이 끝났으니 다른 고민을 시작해야 한다. 덩치가 커졌으니 언제까지 작은 옷을 입을 수는 없고, 그에 맞는 브랜드 전략을 세워야 하는 것이다.

하지만 국내에서는 우리와 비슷한 규모의 회사나, 직영방식을 취하는 외식 브랜드를 찾아보기가 힘들었다. 매장 한두 곳이 성공하면 바로 프랜차이즈 사업을 통해 확장하는 경우가 대부분이었고, 갑자기 뜬 브랜드들의 성장 스토리가 과거사가 되어버리는 안타까운 케이스도 많았다. 여행을 떠나면 자기만의 컬러와 대중성을 다 갖춘 브랜드를 찾아다니는 이유이기도 하다. 개성 넘치는 가게들과 크고 작은 브랜드들이 즐비한 상하이의 골목에서 그들의 앞날을 상상해보는 일은 큰 재미이자 경영의 힌트가 되었다.

중국인 친구에게 상하이에서 개성 있는 밥집과 맛집들을 가보고 싶다고 했더니 찐시엔루進賢路를 추천해주었다. 찐시엔루는 거리는 다소 짧지만 감각적인 식당들이 많은 골목이다. 찐시엔루 초입부터 '퓨전 차이니즈'를 내세우며 인기를 얻고 있는 원찬팅文餐廳, 미슐랭 빕구르망을 받은 란신찬팅蘭心餐廳, 청담동 앨리스바의 바텐더가 게스트로 와서 이슈가 됐던 위스키 바 'Ars&delecto', 이태리풍의 오이스터 바인 'Osteria by oysterlia' 등이 모여 있다.

란신찬팅은 상하이 요리를 먹어볼 수 있다는 점이 끌렸다. 상하이에는 인근의 강소성, 절강성, 안휘성 사람들이 많이 살고 자신들의 요리를 소방채, 절방채, 휘방채 등으로 부르는데, 상하이 사람들은 그에 대응하여 자신들의 상하이 요리를 본방채라 불렀다. 중국 4대 요리인 회양채淮揚菜를 근간으로 한 상하이 요리는 원래 게요리나 성찌엔 정도를 제외하고는 별다른 주목을 받지 못

퓨전 차이니즈 레스토랑 원찬팅, 이 작은 가게는 요리도 인테리어도 정체성이 또렷했다.

했지만, 상하이가 글로벌 도시가 되면서 요리의 가치 또한 올라가게 되었다. 란신찬팅은 그런 본방채를 전면에 내세워 인기를 얻었고 2018년, 2019년 연속 미슐랭 빕구르망에 선정되기도 했다.

어디를 갈지 정해두지 않은 채 골목을 돌아다니던 터라 우리는 '원찬팅'에 가보기로 했다. 무엇보다 퓨전을 시도한다는 점이 궁금했다. 한국에서도 퓨전 한식이 꽤 오래전부터 틈새시장을 차지해오다 하나의 장르로 자리잡고 있다. 과거에는 양식에 한식적인 요소를 가미하는 정도였다면 이제는 한식에 양식을 섞는 비율로 바뀌고 있었다. 나의 경우에도 대중 한식을 기반으로 한 음식에 양식 요소를 가미하여, 평범하게만 보였던 음식에 세련된 재미를 얹는 효과를 보기도 했다. 퓨전 차이니즈를 표방한 작은 식당 원찬팅은 가구의 톤과 소품에서 레트로스러움이 은근하게 멋을 발하는 공간이다. 일견 세련된 가정집처럼 보이기도 한다. 예약으로 만석이 될 만큼 인기가 많은 식당이라더니, 우리가 갔을 때도 그런 상황이었다. 다행히 입구 옆의 좁은 자리는 예약이 되지 않아서 약간의 불편함을 감수하고 음식을 먹어볼 수 있었다. 메뉴는 매우 평범했지만 맛은 범상치 않았다. 상하이의 대표 음식 중 하나인 교자 성찌엔의 맛이 일단 훌륭했다. 중국인들의 식탁에 평범하게 올라오는 새우계란볶음에 트러플 페이스트를 넣거나, 모닝글로리 볶음인 콩신차이에 새우맛을 내고 쪽갈비에 타르타르소스를 뿌리는 재미있는 시도가 익숙한 음식을 특별하게 만들었다. 가장 인상적인 '와우'를 이끌어내는 솥밥은 중국 소시지인 쌍창에 푸아그라와 트러플을 넣어 누룽지와 함께 버무려 먹는, 맛의 신세계에 가까웠다.

상하이식 퓨전은 그들 음식의 색깔을 상당 부분 유지한 채 양식적인 재료로 터치만 하는 방식에 가까워 보인다. 굳이 순서를 정하자면, 1. 본연의 맛에 충실하고 2. 기존 음식에 새로운 식재료를 접목하고, 3. 맛의 조합에 변화를 주고, 4. 형식에 얽매이지 않고 자유롭게 넘나든다 정도로 정리할 수 있겠다.

앞에서 말했듯 우리 한식 역시 퓨전을 시도하지만 어딘지 모르게 식상하게 느껴지기도 하고 한계점도 또렷한데, 원찬팅이 시도하는 퓨전 중식을 보면서 같은 고민과 시도를 거쳐 성공적으로 소화했다는 인상을 받았다. 단언할 수는 없지만 흠잡을 곳 없는 음식 맛에서 이 작은 식당의 성공을 점쳐볼 수 있었다.

대부분의 상하이 골목이 그렇듯 이곳도 감각적인 식당들과 대비되는 투박한 풍경이 걷는 재미를 배가한다. 길가에 떡하니 널린 빨래와 폐지를 부지런히 줍는 미화원, 잘 꾸며진 식당 위층 베란다에 잠옷 차림으로 나와 담배를 피우는 거주민들까지. 이색적인 풍경을 구경하며 걷다 보면 '찐맛집'을 마주치기도 한다. '데드 포잇Dead Poet'이라는 바도 그중 하나였다. 깨진 거울에 매직으로 이름을 쓴 것이 간판이라니, 영화 〈죽은 시인의 사회〉를 연상케 하는 이름부터 포스가 범상치 않아 들어가보았다. 내부의 분위기는 분명 바지만, 여느 바와는 사뭇 다르다. 전체적으로 동양의 선禪 스타일이 느껴지며 바 뒤로 들어가면 좀 더 프라이빗하게 즐길 수 있는 공간들이 있다. 좁은 공간인데도 공간감을 잘 살렸고, 조명의 쓰임새나 음악, 브랜드 아이덴티티를 연결짓는 과정까

깨진 거울로 만든 간판부터 메뉴판까지, 남다른 감성의 완성형 바, 데드 포잇.

지 완성형에 가깝다는 느낌이 들었다. 'Dead poet gimlet', 'My missing Valentine', 'Godfather's Daughter' 등 각각의 의미를 부여한 칵테일 이름을 보면서 마음에 드는 술을 고른 뒤 공간을 찍으러 다녔다. 빛이 없어서 사진을 찍기는 힘들었지만, 오히려 어두워서 잘 나오는 사진도 있으니까. 알고 보니 쥐루루巨鹿路의 와인 레스토랑 패스 레지던스Pass residence 역시 같은 회사가 만든 것이었다. 역시 내공은 뽐내지 않아도 티가 난다. 심지어 여러 개의 매장을 상하이 곳곳에 운영하고 있었다.

우리 고객들이 좋아할 만한 것은 여기 다 있어!

찐시엔루를 지나 다시 추천을 받은 쥐루루로 향했다. 젊은 친구들이 좋아하는 곳이라고 했다. 꽤 넓은 쥐루루를 돌다 보면 비슷한 느낌의 건물들이 핫플레이스를 이루는 것을 볼 수 있다. 'JULU place 758', 'Found 158'처럼 여러 매장을 모아놓은 복합공간이다. JULU 758의 경우는 '프라이탁 바이 하북Freitag by harbook' 매장이 1~2층에서 중심을 잡아준다. 프라이탁은 한국에서도 인기가 많지만 이름에서도 드러나듯이 하북Harbook의 서점적인 요소를 결합한 것이 인상적이다. 이 브랜드를 중심으로 '모어 댄 잇More than eat'이라는 이름의 푸드코트와 여러 레스토랑과 바, 베이커리 등이 JULU place 758을 구성하고 있다.

이곳을 보니 나도 모르게 츠타야가 떠올랐다. 몇 년 전 우연히 도쿄의 츠타야 서점에 가게 되었다. 지금이야 도쿄여행의 필수코스로 꼽히지만 별다른 정보 없이 간 나는 우선 그곳을 느껴봐야 겠다며 동네 사람처럼 긴 시간을 머물며 구경했다. 몇 개의 건물에는 서점과 스타벅스가, 다른 건물에는 라이카 매장과 팝업 스토어, 그리고 식당이 작은 마을처럼 구성되어 있었다. 그중 서점이

상하이의 MZ 세대가 좋아하는 감각적인 브랜드와 F&B를 모아둔 복합공간
JULU place 758.

인상적이었는데 한국의 서점과 다르다고 느낀 점은 요리책을 파는 곳에 '소품'들이 놓여 있었다는 것이다. 앞치마와 조리도구를 함께 파는 것도 흥미로웠다. 미술책을 파는 곳에는 미술용품이, 음악책을 파는 곳에는 관련 음반이 있었다. 서점 이곳저곳을 구경하다 보니 떠오르는 사람들이 있었다. 서점을 구경하고, 커피를 마시고, 라이카 매장에서 무언가를 살 것 같은 사람. 매장을 옮겨 다닐 때마다 '우리 고객이 좋아할 만한 건 여기 다 있어!'라고 외치는 것 같았다.

내가 츠타야에서 누군가를 떠올린 것처럼 JULU 758에서도 단번에 떠오르는 사람들이 있었다. 프라이탁에서 한참을 쇼핑한 후 그 공간과 딱 어울리는 레스토랑에서 밥을 먹고 옆의 카페에서 커피를 마실 사람. 걸어서 멀지 않은 곳에 위치한 Found 158에서도 비슷한 인상을 받았다. 다양한 음식점과 바, 클럽 등이 모여 있는데 '젊은 사람들'이 좋아할 수밖에 없겠다는 생각이 들었다. '젊은 사람들'이라고 이름 붙인 타깃이 발을 들이는 순간, 이 공간에서 모든 소비를 끝내는 구조다. 쇼핑이든 외식이든 패션이든 같은 취향의 영역이 꼬리를 물고 이어질 테니까.

쥐루루와 찐시엔루에서, 그리고 상하이의 골목을 걸으면서 예전과 많이 달라졌다는 생각을 했다. 유행에 편승하기보다 자기 아이템을 지키는 곳들이 많이 보였고, 자신의 아이덴티티를 또렷하게 표현하는 브랜드를 모아놓은 공간들이 꽤 눈에 들어왔다. 사람들은 매장 하나를 찾아가기보다 우선 자기가 좋아할 만한 것들이 모여 있는 곳으로 향했다. 이를 보면서 매장이나 브랜드를 열심히 관리하고 알리는 것도 중요하지만, 우리 고객이 다른 영역에서는 무엇을 좋아하는지 찾아내 그와 연대하는 전략의 필요성을 느꼈다. 최근 다른 업종의 브랜드끼리 콜라보를 자주 하는 것도, 라이프스타일 편집숍이 많아지는 것도 그 때문일 것이다.

물론 '좋은 변화를 받아들이는 방법'에는 정답이 없다. 세상은 빠르게 변하고, 아이템은 다양하게 바뀐다. 외식업을 하는 입장에서, 아니 외식업이 아니라 해도 우리는 그 흐름에 편승해야 할지 말아야 할지 늘 고민할 수밖에 없다. 개인적으로는 내가 맞닥뜨린 변화가 기본과 본질을 해치지 않는다면, 5년 후에도 잘되겠다는 확신이 든다면 무조건 시도해보는 편이다.

츠타야는 꽤 인상적이었지만 '사람들이 과연 책을 사서 갈까?' '이 서점은 수익이 날까?'라는 의문이 들었기에, 여행에서 돌아온 후에 그와 관련된 책을 여러 권 읽었다. 츠타야는 다양한 큐레이션을 통해 사람들이 와야 할 이유를 만들어주고 있었고, 사람들이 많아지면 자연스럽게 매출이 발생한다고 말했다. 서점에 있는

상하이의 그 골목, 젠시엔루와 쥐루루

스타벅스가 사람들을 끌어들이고 서점도 덩달아 매출이 높아지는 결과를 얻었다는 이야기를 읽으며, '사람들이 와야 할 이유'를 다시 고민했다.

상하이에서도 마찬가지였다. 결국은 와야 할 이유를 얼마나 지속적으로 만들어낼 수 있는가의 문제다. 카페나 식당 또는 서점이나 단일 브랜드로 끌어들일 수 있는 고객의 수는 한계가 있지만, 각각의 스토어가 결합한다면? 시너지 효과를 일으킬 수 있을뿐더러, 나만의 고객을 찾기에 더 수월해질 수도 있을 것이다. 각기 다른 여러 개의 매장으로 어떻게 하나의 메시지를 만들고 그것을 알려나갈 것인가, 상하이를 여행하는 내내 머릿속에서 떠나지 않은 고민이었다.

_김일도

상하이 골목 투어에서 만난
스몰 브랜드

스몰 브랜드의 시대다. 과거에는 스몰 브랜드들이 빅 브랜드에 치여 빛도 보지 못하고 사라졌다면, 지금은 개성 있는 작은 브랜드들이 비슷비슷한 대형 브랜드들을 하나둘씩 위협할 정도로 존재감을 발휘하고 있다. 누가 뭐라 해도 'Small But Unique'가 사랑받는 시대인 것이다. 다윗과 골리앗의 싸움처럼 작은 브랜드가 자본력이나 상권에서는 큰 브랜드에 밀릴지 모르겠으나, 적어도 파급력에서만은 밀리지 않는다. 심지어 최근에는 변화를 꾀하려는 빅 브랜드들이 작은 브랜드의 플레이를 보면서 실마리를 찾으려는 모습이 종종 눈에 띈다.

나와 학교에서 많은 시간을 보내는 대학생들만 보더라도 그런 변화의 흐름이 고스란히 느껴진다. 이를테면 연필이나 볼펜 하나를 사더라도 성수동의 문구점 '포인트 오브 뷰Point of View'까지 가서 색다른 필기구를 찾는 재미를 추구하는 세대다. 연필이나 펜이 무슨 대세일까 싶지만, 자신의 라이프스타일이나 성향을 드러내는 브랜드를 고심해서 고르는 것 자체가 그들에게는 일상의 '가잼비'로 작용한다. 과거 X세대라 불린 내 나이 또래의 세대가 외국에서 들어온 스타벅스 커피를 마시며 하루의 에너지를 얻는다면, 지금의 젊은 친구들은 한남동의 앤트러사이트나 물개 캐릭터의 프릳츠 커피에서 바리스타가 내려주는 커피를 마시는 것을, 아마도 더 선호할 것이다. 핵심은 이러한 세대들이 인스타그램 혹은 누군가의 추천을 받아서 작지만 힘 있는 브랜드에 가보기도 하지만, 평소 자신의 라이프스타일과 맞는 브랜드들을 끊임없이 찾아다닌다는 것이다. 이를테면 '내가 발굴한 브랜드'라는 마음으로 접근한다 해야 할까? 스몰 브랜드의 시대가 개화기를 맞이한 것도, TGIF나 애슐리, 빕스 등 한때 잘나갔던 프랜차이즈 브랜드들이 더 이상 보이지 않는 것도 놀라운 일은 아니다.

　이런 변화의 흐름이 비단 우리나라에 국한된 것만은 아니다. 세계에서 가장 트렌디한 도시이자 디지털로 무장한 개성 있는 친구들이 돌아다니는 상하이 곳곳에서도, 일종의 밈Meme처럼 크리에이티브가 번뜩이는 작은 브랜드들을 볼 수 있었다.

상하이에서 감각적인 매장을 쉽게 만날 수 있는 곳들은 단연코 조계지다. 찐시엔루에서 김일도 대표와 저녁을 먹고 우연히 찾은 '데드 포잇'이라는 칵테일 바에서 내가 상상했던 상하이의 바이브와는 전혀 다른 느낌을 받았다. 직원의 영어도 능숙했고, 칵테일 바라고 규정할 수 없는 공간의 구성, 심지어 가게 한쪽에서 악기를 직접 연주하는 사장님을 보면서 예사롭지 않은 내공을 느꼈다. 혹시 다른 매장을 운영하고 있지 않은지 물어보니 쥐루루의 '패스 레지던스PASS RESIDENCE'라는 와인을 즐길 수 있는 레스토랑이 가장 가깝다고 알려주었다. 패스 레지던스의 주소는 쥐루루 318, 걸어서 3~4분 정도면 갈 수 있는 거리에 있었다. 낮에는 커피를 마실 수 있고 저녁이면 와인을 즐기는 컨셉의 이탈리안 레스토랑이었다.

저녁을 배불리 먹은 후라 다시 무언가를 먹기가 여의치 않아 다음 날 패스 래지던스에 가서 커피를 마시며 이야기를 나눴다. 브랜드에 대해 좀 더 듣고 싶다고 하니 자신들이 운영하는 매장을 소개한, 일종의 '브랜드 맵'처럼 만든 작은 지도를 건네주었다. 해군 수영장을 개조한 것으로 이슈가 된 복합문화공간 컬럼비아 서클에 3곳의 매장을, 안푸루에 카페 겸 레스토랑인 'OHA

쥐루루의 플라터너스 사이로 보이는 패스 레지던스, 간판부터 눈에 띈다.

벽의 전기장치를 그대로 노출시킨 내부 인테리어가 을지로의 감각적인 매장을 연상시킨다.

EATERY'를 운영하는 등 총 6개의 매장이 있었다. F&B 회사로서 자신들의 사명을 밝힌 내용이 인상적이었는데, 도시라는 조건과 문화에 걸맞은 레스토랑과 카페, 바 등을 만들어가는 것이 목표이며 좀 더 높은 퀄리티의 매장들을 만드는 것이 문화에 공헌하는 길이라고 이야기하고 있었다. 실제 시즌마다 300종이 넘는 칵테일을 만들어낸다는 언급 등과 함께.

서울에서도 요즘에는 하나의 식당을 성공시키면 1호점, 2호점을 내는 것이 아니라 자신들의 메시지에 부합하면서도 결은 다른 식당을 내는 플레이어들이 많아지고 있다. 식당뿐 아니라 편집숍도 마찬가지다. 문구점을 성공시켰다면 그다음에는 라이프스타일 편집숍으로 확대하거나 빈티지 가구에 손을 대는 식이다. 스몰 브랜드는 자신의 매장에 찾아오는 고객들이 무엇을 좋아하는지를 캐치하고 그 니즈에 맞는 브랜드를 전개한다. 얼핏 보기에는 '좋아하는 것'만 파는 것 같은데 파고들면 꽤 영리한 전략이다.

패스 래지던스 외에도 쥐루루에는 상하이의 바이브를 느낄수 있는 곳들이 많다. 쥐루루 617에 작가서점이 있는데 1층에서는 책을 볼 수 있고 2층에서는 저자와의 만남 등이 열리거나 차를 마실 수 있는 카페공간이 있다. 쥐루루 758에 있는 '모어 댄잇'은 푸드코트 형태를 띠고 있지만, 자신들의 브랜드 정체성을

'More than eat'이라는 한 줄로 기막히게 표현했다는 생각이 들었다. 상하이에서는 유독 그런 곳이 많았는데 안푸루의 '베이커 앤 스파이스BAKER & SPICE' 역시 'more than a bakery'라는 한 줄로 브랜드 메시지를 전달한다.

쥐루루를 걷다 보면 거리에서 간단히 술을 마실 수 있는 작은 바들이 보인다. 편의점처럼 편하게 마실 수 있는 곳도 있고 카페나 와인바의 분위기가 나는 곳도 있는데, 아무래도 외국인이 많은 조계지의 특성상 특별히 힘을 주기보다 자연스러운 멋이 풍기는 곳들이 대부분이다.

쥐루루 758에서 왼쪽으로 꺾으면 푸민루가 나온다. 이 골목 역시 걷다 보면 재미있는 곳들이 많이 보이는데 중국요리 레스토랑 동경야숙, 와인을 파는 비스트로11bistro11을 지나서 '마담 마오스 다워리Madame Mao's Dowry'라는 디자인 서점에 들어가 사진과 포스터 등을 구경하며 직원과 이야기를 나눴다. 쥐루루에서 이어지는 푸민루는 길가의 과일가게와 빨래를 널어놓은 모습을 보면 작은 동네 골목 같지만, 최근 들어 개인들이 작은 식당을 많이 열기 시작했고 그와 더불어 운동화나 모자 등의 액세서리 전문점, 와인바, 술집 등이 자리를 채우고 있다고 했다. 영국에서 왔다는 서점 직원의 이야기를 들어보니, 상하이의 젊은 친구들도 작은 골목들을 다니며 자신의 색과 부합하는 브랜드를 찾아내 공유하는 데 재미를 느낀다고 했다. 아티스트와 디자이너가 그 흐름을 주도하거나 감각적인 F&B 브랜드가 매장을 열면 대형 브랜드들이 따라 들어오는 것이 서울의 트렌드와 비슷해 보였다.

푸민루를 지나 약간 다리가 아파올 만큼 좀 더 걸어가면 안푸루가 나온다. 안푸루는 브런치 카페가 많기도 하지만 북유럽 가구 편집 매장이나 빈티지 가구, 핸드메이드 인형을 파는 숍들이 많아 예술적인 느낌이 강한 거리다. 이곳에는 상하이 시내에서도 만난 와가스Wagas 그룹에서 운영하는 레스토랑들이 진을 치고 있었는데, 처음에는 그 사실을 모르고 들어갔다가 같은 디자인의 접시를 쓰고 있는 것을 보고 직원에게 물어봐서 알게 되었다. 지금 생각해보니 성공한 브랜드 전략인 셈이다.

상하이에서 스몰 브랜드들의 감각적인 디스플레이나 직원의 응대를 보면서 느낀 것은, 우선 자신들이 '어떤 가치'를 파는지를 또렷하게 알고 있다는 거였다. 그리고 그 가치를 강요하지 않는 느낌으로 세련되게 어필한다. 스몰 브랜드는 아니지만 중국의 젊은 친구들에게 사랑받는 헤이티 역시 매장의 벽에 'Cool, Insiration, Zen, Design'이라고 써둘 만큼 자신이 표방하는 스타일을 자신 있게 드러낸다. 사람에 비유하자면 확실한 가치관을

쥐루루 758의 푸드코트 모어 댄 잇과 레스토랑들.

자유분방한 쥐루루의 분위기가 고스란히 느껴지는 거리.

푸민루의 디자인 서점, 마담 마오스 다워리, 사진과 포스터 등을 판다.

푸루에는 젊은 예술가들이 만들어가는 매장이 많다.

가진 사람이다.

 '오이코패스(오이를 싫어할 수 있다는 생각 자체를 공감 못하는 사람)', '민초단(민트 초콜릿을 좋아하는 사람들의 모임)'과 같은 신조어들이 난무하는 시대다. 이제는 오이를 싫어하는 이유 하나만으로, 민트 초콜릿을 좋아하는 이유만으로 커뮤니티를 만들고 취향이 비슷한 사람들끼리 뭉쳐서 연대를 만들어가는 세상이다. 이렇게 취향이 또렷한 세대의 사랑을 받으려면 우선 브랜드가 확실한 목소리를 낼 수 있어야 한다. 그러고 보면 보편타당한 가치를 내세우며 모호한 대중이라는 타깃에게 대량으로 물건을 팔아도 되지 않는, '작지만 특별한' 브랜드의 미래는 예전보다 훨씬 밝다고 보아도 좋을 것이다. 상하이의 쥐루루와 푸민루, 안푸루를 걸으며 외국인들과 젊은 친구들로 가득한 카페에 앉아 나도 모르게 흥겨운 바이브를 즐기면서, 적어도 브랜드의 미래는 책이 아닌 우리의 일상에 있다고 느꼈다. 여행은 아는 것을 확인하는 시간이다.

_이승윤

골목의 스몰 브랜드

김 : "우리가 갔던 원찬팅을 보면서 생각이 많아졌어요. 아주 작지만 인기 있는 가게죠. 규모가 작은 가게가 인기를 얻으면 손님들이 줄을 서게 되고, 줄이 길어지면 손님들은 하나둘씩 떠나갈 수밖에 없어요. 작은 가게의 입장에서는 선택을 해야 해요. 줄이 길어서 가버린 손님들을 포기하고 계속 작게 남을지, 아니면 스케일업을 해서 더 많은 손님들을 포용할지를요. 정답은 없습니다. 다만 선택의 순간에서 내가 우선시하는 가치가 무엇인지 질문을 던져야 해요. 작지만 지속성 있는 가게로 남을지, 경제적 이익을 추구할지 말이죠. 이때 '진정한 안정성'의 의미도 따져봐야 합니다."

이 : "요즘 소비자들은 익숙한 브랜드에서 느끼는 매력보다 자기가 좋아하는 브랜드를 찾아다니고 발견하는 재미를 더 소중하게 여겨요. 사실 규모가 작다는 것이 반드시 불리한 것만은 아니죠. 오히려 시작하는 데는 더 부담이 적다고 생각해요. 업주 입장에서 봐도 작게 운영하니까 내가 진짜 좋아하는 것을 해볼 수도 있고요. 확실히 동네를 찾아오게 만드는 힘은 스몰 브랜드에 있는 것 같아요. 다만 그만큼 컨셉이 뾰족해야 한다고 봐요."

뉴트로와 휘궈,
가장 대중적인 조합

누구나 하고 싶은 일과 할 수 있는 일 사이에서 생각의 씨름을 벌인다. 외식업자의 고민도 큰 틀에서 보면 마찬가지다. 내가 팔고 싶은 아이템(음식)이 있고, 대중이 좋아하는 음식이 있다면 둘 다 허투루 넘길 수 없다. 아이템뿐 아니라 유행을 무시할 수도 없다. 수십 년 동안 자리를 지키던 식당도 어느 날 갑자기 대중의 외면을 받을 수 있다. 가고 싶은 길을 가되 요령껏 대중의 눈치를 봐야 하는 것이 외식업자나 크리에이터의 과제다.

이러한 정황을 감안해 최근 한국 외식시장에서 무시할 수 없는 흐름이 있다면? 그중 하나가 바로 '뉴트로'라는 데 대부분의 사람들이 동의할 것이다. 뉴트로는 'New + Retro'의 조합으로 복고를 새롭게 즐기는 경향을 말한다.

뉴트로와 레트로를 굳이 구분하기 전, 그러니까 5년 전쯤 나는 '일도불백'이라는 브랜드로 복고 컨셉을 시도했다. 레트로가 유행하기 전이었고 복고가 터질 거라 예상하고 시작한 것도 아니었기에, 시도라기보다는 정해진 수순처럼 작업한 브랜드였다. 일도불백은 전통시장 안에 위치한 가게였는데, 어릴 적 시장에서 나물 파는 할머니들이 좌판 앞에서 식사하시는 모습을 떠올리며 친숙한 메뉴를 찾은 것이 불백, 즉 불고기 백반이었다.

일도불백을 오픈하고 2년쯤 지나서야 레트로가 본격적으로 유행했다. 손님들이 레트로를 받아들이는 반응은 대체로 두 가지다. 옛날 사람들은 "그래, 바로 이런 느낌이야"를 말하고, 요즘 사람들은 "와, 옛날에는 이런 느낌이었어?"를 외친다. 이유는 다르지만 양쪽의 타깃에게 나름의 인정을 받는 것이다. 또한 컨셉에 힘을 준 식당들은 대개 핫플레이스에서는 흥해도 지역상권에서는 외면받기 쉬운데, 레트로는 익숙함이라는 힘을 빌려 동네 사람들과 맛객들에게 쉽게 스며든다. 동네 분들은 부담스럽지 않아서 자주 찾게 되고, 맛객들은 사진을 찍거나 인스타그램에 올릴 만하다는 이유로 온다.

향방이 바뀐 것은 그다음이었다. 사람들은 레트로라는 컨셉의 맛을 보더니 진짜 노포를 찾아나섰다. 레트로가 매력적이긴 하나, 옛날로 돌아간 것과 옛날 감성을 흉내 낸 것은 확연히 다르다고 느낀 것이다. 때마침 을지로에 재개발 바람이 불자, 사람들은 다시는 그 시절을 맛보지 못할 수도 있다는 마음에 노포로 향했다. 그 틈을 비집고 뉴트로라는 흐름도 탄생했다. 완벽하게 과거로 회귀할 수 없다면 복고를 우리 스타일대로 즐겨보자며 나름대로 요즘의 디자인과 스타일을 입힌 것이다. 실제 지금까지도 뉴트로는 외식시장의 한 축을 지키고 있다.

이러한 흐름이 비단 우리나라에만 국한된 것은 아닌 듯했다. 미국이나 일본뿐 아니라 중국에서도 분명 뉴트로에 대한 수요가 있었고, 상하이에서는 그것이 어떤 식으로 해석되고 있는지 보고 싶었다. 어떤 음식에 뉴트로라는 옷을 입혀야 대중에게 가닿을 수 있는지도 들여다보고 싶었다. '바플로우 훠궈Shanghai Barflow Hotpot'은 그렇게 찾은 식당이었다. 징안쓰 창핑루역에서 걸어서 갈 수 있는, 외부 사람이나 관광객보다 동네 사람들이 주로 찾는 곳이었는데, 마침 내가 갔던 날은 비가 많이 내리는데도 가게 앞에 줄 서 있는 손님들이 많았다. 포기하고 그냥 돌아갈까 싶은 마음을 누르고 그래도 여기까지 왔는데 가보자 싶어서 자리를 잡고 기다렸다. 등려군 등이 부르는 트로트 분위기의 중국 가요

를 들으며 상하이의 90년대생 주링호우들과 함께 가게의 이곳저
곳을 찍다 보니 기다리는 시간은 길지 않게 느껴졌다. 아니, 훌쩍
지나갔다.

과거의 상하이로 떠나는 시간여행

범상치 않은 간판 아래 출입문을 열고 들어서면 낡은 빙깐 통
조림(비스킷통)을 진열한 카운터에서부터 대기가 시작된다. 저울,
유선전화기, 사탕과 과자들이 단숨에 과거를 회상하게 만든다.
을지로 노포들에서 흔히 볼 수 있는, 초록빛이 나는 도끼다시 바
닥도 한몫한다. 돌아가신 할머니 댁에 있던 것과 비슷하게 생긴
선풍기, 뒤통수가 툭 튀어나온 구형 텔레비전 뒤로는 가라오케
DVD가 비치되어 있다. 그러고 보니 DVD가 없어진 것도 요즘 큰
변화 중 하나다. 잊고 있었다. 어릴 적 아버지가 사온 골드스타 비
디오와 비디오 테이프가 문득 떠오른다.

메뉴를 받아들고 나니 여기서도 독특한 재미가 느껴진다. 실제
상하이 사람들이 어릴 적 집에서 먹던 음식들로 구성되어 있는
데, 상하이 말로 메뉴를 만든 것이 신기한 포인트다. 이를테면 전
라도나 경상도 사투리로 메뉴를 썼다고 상상해보면 이해하기 쉬
울 것이다. 상하이 방언으로 '출근은 힘들어, 퇴근하면 야식'이라

상하이의 뉴트로를 완벽하게 구현한 훠궈 가게.

고 쓴 장난스러운 문구들을 벽에 붙인 것도 눈에 들어온다. 아직 음식을 먹어보진 않았지만 상하이의 바이브를 그대로 느낄 수 있는 식당인 건 분명하다.

요즘이야 우리나라에도 훠궈가 유행하고 있지만, 훠궈를 모르는 사람에게는 중국식 샤브샤브라고 말해주면 가장 쉽고 빠른 설명이 된다. 둘 다 끓는 국물에 재료를 넣어가며 먹는 요리니까. 하지만 중국 사람들에게 훠궈는 단순한 요리가 아니라, 문화이자 생활 속의 음식이다. 중국 사람들에게 외식할 때 주로 뭘 먹느냐고 물으면 열 명 중 아홉은 '훠궈'를 말한다. 우리가 외식 하면 갈비든 삼겹살이든 '고기를 구워먹는 것'을 떠올리는 것처럼. 특히 여러 사람이 모일 때면 훠궈만큼 적당한 음식을 찾기 힘들다. 끓는 냄비를 하나 두고 여러 명이 앉아 자기가 먹고 싶은 재료를 알아서 건져 먹으니 각자의 취향에 맞춰서 먹을 수도 있고, 특별한 요리실력이 필요하지도 않은 데다 가성비도 엄청나다. 사람이 많을수록 1인당 지불하는 금액이 적어진다.

실제 중국인 친구 집에 놀러가서 훠궈를 먹은 적이 여러 차례 있었는데, 그때마다 예전에 집 방바닥에 신문지를 깔고 삼겹살을 구워 먹던 생각이 났다. 어릴 적 아버지가 검정 비닐봉투를 들고 돌아오시면 오늘 삼겹살을 구워먹는구나 하며 신났던 기억이 있

뉴트로와 훠궈, 가장 대중적인 조합

다. 훠궈는 식당뿐 아니라 가정에서도 워낙 즐겨먹는 만큼 지역별로 스타일도 각각 다르다. 어떤 지역에서는 맑고 싱거운 국물에 담근 후 소스에 찍어먹기도 하고, 어떤 지역에서는 마라 스타일의 맵고 진한 국물과 먹기도 한다. 중국 전역에 걸쳐 여전히 가장 많이 사랑받는 방식은 스촨(사천) 스타일이며, 그다음은 홍콩식이다.

그렇게 지역적 특색으로 분류되던 훠궈가 이제는 조금 다른 양상으로 구도를 만들어가고 있다. 기존의 대형 브랜드들이 시장을 평정하더니, 그 아성에 도전하는 신흥 강자들이 브랜드 컨셉을 앞세우며 훠궈 시장을 다양하게 풀어나간다. 한국인들에게 가장 인지도가 높은 하이디라오는 '최고의 서비스'를 강점으로 내세웠고 로봇을 앞세운 스마트 키친으로도 이슈를 이어나갔다. 유기농을 전면에 내세운 치민훠궈齊民市集, Qimin Market 는 '도움이 된다'는 한자를 이름에 넣은 것에서 느껴지듯, 양질의 식재료를 중시하는 컨셉으로 돌풍을 일으키는 브랜드다. 외식의 대표 격인 고깃집들이 계속 컨셉과 시그니처 메뉴, 먹는 방식을 바꾸어가며 흐름을 유지하는 것처럼, 훠궈 역시 먹는 방식과 컨셉을 바꾸어가며 자기만의 포지션을 사수하는 것이다.

훠궈 소스는 1인당 6위안을 지불하면 왕창 가져다주는데 그중

가정용 훠궈 버너는 단연코 이 매장의 씬 스틸러다.

먹고 싶은 것을 골라서 자체제작하면 된다. 그 또한 재미를 의도
한 요소다. 탕에는 신선한 고기鮮肉와 염장된 고기咸肉가 섞여 나
온다. 둘 다 시엔로우라 발음하지만 성조가 달라 전혀 다른 단어
처럼 들린다. 전통시장과 징안빌라의 빨랫줄에 걸려 있던 말린 고
기의 짠맛이 국물에 감칠맛으로 배어들어 미각을 자극한다. 가장
인상적이었던 건 식탁보 위에 유리를 씌운 테이블 한가운데에 가
정용 버너가 있다는 것. 삼겹살과 같은 포지션을 차지하는 훠궈이
기에 식당의 센 화력을 지켜줘야 제대로 된 맛이 난다고 봤는데,

그것은 내가 자영업자이기에 내려놓을 수 없던 관점 내지는 고집이었을까. 먹는 내내, 센 불 대신 가정용 버너의 '감성'을 택한 과감함에 대해 생각했다. 분위기만 레트로로 접근한 게 아니라 음식을 먹는 방식까지 재현한, 꽤 영리하면서도 감성적인 전략이다.

레트로는 앞에서도 말했듯 과거로 완전히 돌아가는 작업은 어렵고, 디테일에서 승부를 봐야 한다. 누구나 기억에 내재된 맛을 기준으로 삼기에 흉내내듯 접근했다가는 시도하지 않은 것만 못한 결과가 나온다.

상하이의 복고를 들여다보고 싶어서 이곳을 찾긴 했지만 예상 외로 내가 감탄했던 부분은 훠궈와 복고의 조합이었다. 이 식당은 상하이의 옛날 가정집을 완벽하게 재현한 공간에 훠궈라는 전통적(그러니까 옛날) 메뉴를 팔면서 중국의 주링허우들이 좋아할 법한 인스타그래머블한 장면을 만들어낸다. 이제 사람들은 더이상 흉내낸 가짜에 마음을 주지 않는다.

훠궈집에서는 전체적인 공간과 음악, 소품과 메뉴와 버너, 고기를 올려놓는 접시의 배치를 바꿈으로써 어딘가에 올리고 싶은 '사진 한 장'과 그로 인한 이야깃거리가 만들어진다. 디테일에 신경 쓴 만큼 억지로 꾸민 느낌이 아니라, 상하이의 과거로 돌아가는 시간여행을 완벽하게 즐기는 시간으로 와닿는다. 훠궈라는 음식이 다 거기서 거기일 거라 생각했는데, 표현에 따라 이렇게까지도 달라질 수 있다는 것을 깨닫게 해준 식당이다. 우리 한식도 이런 곳에서 진화의 실마리를 찾을 수 있지 않을까? 무조건 한국적인 전통에 집착하거나 새로운 것을 찾으려 하기보다 기존의 익숙함을 능숙하게 조합하면 빤하지 않은 답을 낼 수도 있겠다는 가능성을 떠올렸다.

상하이에 오기 전 나는 뉴트로를 단순한 유행으로 바라봤는데, 뜻하지 않은 곳에서 치열하게 고민한 결과물을 만났다. 컨셉 있는 식당이 아닌, 컨셉도 좋은 식당으로 느껴지는 훠궈 집 말이다. 비 내리던 저녁, 일행도 없이 혼자 훠궈를 먹고 숙소로 돌아오는 길이 전혀 쓸쓸하지 않았던 이유는 말하기 어려운 기분 좋음 때문이었다.

_김일도

뉴트로와 훠궈, 가장 대중적인 조합

디지털과 바이럴, 고객경험이
만들어낸 브랜드, 헤이티

평소 책을 쓰거나 칼럼을 쓸 때면 카페에 가는 편이다. 집을 놔두고 굳이 왜 카페에 가서 쓰냐고 할 수도 있겠지만, 아무래도 분위기를 바꾸면 안 하던 생각도 나기 마련인 데다 마감이 주는 압박이 좀 더 몸으로 와닿는다. 새로운 공간에 다니는 것을 좋아하는 평소 성향도 한몫한다. 그런 나의 습관이 제약을 받기 시작한 것은 코로나19로 사회적 거리두기가 강화되면서부터였다. 카페 내 취식금지로 글을 쓰기는커녕 카페에서 커피를 마실 수조차 없게 되자 그야말로 취미를 잃어버린 느낌이었다. 그렇다고 카페에 아예 가지 않은 것은 아니다. 오히려 예전에는 덜 즐겼던 테이크아웃을 자주 하게 되면서 여러 브랜드의 디지털 경험전략을 구체적으로 들여다보게 되었다.

대표적인 예가 스타벅스다. 과거 스타벅스가 고객 이름을 한 명 한 명 직접 부르며 관계형성에 공을 들였다면, 이제는 차에서 내리지 않아도 비대면 주문이 일사천리로 이루어지는 드라이빙 스루Driving Thru형태의 스타벅스 오더링 시스템으로 새로운 고객경험을 만들어가고 있다.

물론 이러한 시도가 완전히 새로운 것은 아니다. 스타벅스 코리아는 이미 2014년부터 언택트 개념의 '사이렌 오더'라는 플랫폼을 개발해 고객들에게 혁신적인 디지털 경험을 주고자 끊임없이 노력해왔다. 한국 소비자들이 점심시간에 그룹으로 스타벅스에 몰려와 길게 줄 서는 것을 관찰한 스타벅스 코리아는, 좋지 않은 매장경험을 줄이기 위해 일종의 모바일 주문결제 서비스인 사이렌 오더 시스템을 만들었다. 고객은 미리 모바일 스타벅스 앱에 있는 사이렌 오더로 커피와 음식을 선택하고, GPS로 가장 근접한 매장에 주문을 보낼 수 있다. 주문승인, 음료제조, 제조완료 등의 순차적인 과정은 모바일을 통해 고객에게 전달된다. 이 서비스를 사용하면 직접 매장에 가서 줄을 서지 않아도 빈 좌석에 앉아 대화를 나누다 자신의 이름이 불리면 주문한 음료를 받아서 즐기면 된다. 스타벅스의 사이렌 오더 주문은 코로나19가 유행

디지털과 바이럴, 고객경험이 만들어낸 브랜드, 헤이티

한 2020년 1월부터 2월까지 800만 건을 넘어서면서 2019년 같은 기간 대비 25% 이상 증가했다. 2020년 전체 주문 건수 가운데 약 22%가 사이렌 오더를 통해 이루어졌다. 4명 중 한 명 꼴이니 적지 않은 수치인 셈이다.

또한 스타벅스는 디지털 플라이휠Digital Flywheel이라는 기술을 바탕으로 커피를 주문하고 즐기는 모든 단계에서 최상의 사용 경험을 느낄 수 있도록 정교하게 발전시켜 나가고 있다. 모바일을 이용해 줄을 서지 않고 커피를 구매하는 경험을 넘어서서, 모바일에 저장된 개개인의 입맛에 맞춰 주문하도록 하는 개인 맞춤형 서비스부터 매장을 자주 방문하는 로열티 높은 소비자들에게 결제 후 차별화된 디지털 보상Reward을 주는 것까지, 디지털 고객경험은 끊임없이 이어진다.

놀랍게도 상하이에서도 이와 비슷한 음료 브랜드를 만났다. 바로 중국의 밀레니얼 세대가 열광하는 밀크티 브랜드, 헤이티 HEYTEA, 喜茶 이야기다. 헤이티의 창업자 네원천은 1992년생으로 분말을 탄 밀크티가 아닌 진짜 찻잎을 우려낸 밀크티를 만들기로 마음먹었다. 하지만 중국의 젊은 세대는 전통차의 쓴맛을 선호하지 않았고, 이를 희석하기 위해 고안한 것이 차에 크림치즈를 얹은 대표메뉴였다. 그 후 헤이티는 시즌마다 제철 과일과 크림치즈를 조합해 창의적인 차 음료들을 선보이며 급속하게 성장했다. 2012년 중국의 광둥성 3선 도시에서 시작한 이 작은 가게는 2019년 기준 1조 5000억 원의 기업가치를 인정받는 거대기업으로 성장했다.

헤이티의 성공 스토리를 이야기할 때 빠지지 않는 것이 온라인과 오프라인을 결합한 혁신적인 O2O 고객 경험이다. 우선, 헤이티는 매장에 방문한 고객들에게 자신의 SNS에 올릴 '꺼리'를 끊임없이 제공한다. UGC User Generated Content 전략이다. 헤이티의 매장은 우리가 생각하던 '중국 차'의 느낌과는 조금 거리가 있으며, 화이트를 베이스로 한 모던한 분위기다. 간판의 로고도, 차를 마시는 사람의 옆모습을 그린 메인 일러스트 캐릭터도 매우 심플하다. 마치 블루보틀 커피처럼 깔끔한 이 매장에서 음료를 시키면 화사한 음료가 투명 패키지에 담겨 나온다. 나는 망고와 크림치즈를 얹은 음료를 마셨는데 먹기 전부터 감각적이고 깔끔한 디자인에 점수를 주게 되었다. 가장 위쪽 레이어에 크림치즈가 올라가 있고, 인물 캐릭터가 보여주는 각도대로 (젓지 않고) 마시면, 자연스럽게 크림치즈와 아래의 음료가 섞여서 맛있게 마실 수 있다. 한 잔을 마셨는데도 과육이 씹히는 느낌과 함께 상당히 배가 불러서 식사 대용으로도 충분하겠다는 느낌이 들었다. 함께한 김일

디지털과 바이럴, 고객경험이 만들어낸 브랜드, 헤이티

도 대표의 말대로, 분말을 쓰는 다른 밀크티 브랜드와 달리 과일 등의 재료로 맛을 내기에 식감이 뛰어나고, 건강한 음료를 마셨다는 만족을 준다. 시각적으로도 화려한 망고, 딸기 등의 과일을 활용한 메뉴들이 인기가 많다. 슬리브에도 인스타그래머블한 요소가 가미되어 있다. 헤이티는 커플을 위한 서프라이즈 이벤트로 핑크색 슬리브에 '당신은 나의 왕你是我的金凰', '당신은 나의 소중한 옥你是我的玉露'처럼 연인들이 좋아할 만한 문구를 써두기도 한다. 2019년 중국 신년 기간에는 리미티드 에디션 컵 세트를 만들기도 했다. 이런 에디션이 도시별로 한정 수량 제공되며, 자연히 사람들은 헤이티의 신제품이 나오자마자 남들보다 더 빨리 SNS에 인증하려 한다.

제품 패키지뿐 아니라 매장 인테리어에도 인스타그래머블한 요소를 넣기 위해 노력한다. 대부분의 음료 매장은 브랜드 아이덴티티가 잘 드러나는 하나의 컬러를 정해 톤을 유지하거나, 비슷한 형태의 매장 디자인을 유지하는 전략을 취한다. 반면 헤이티는 찾아가는 재미, 즉 고객이 와야 하는 이유를 만들어주기 위해 색다른 컬러 톤의 매장을 끊임없이 기획한다. 중국 광저우에는 헤이티 핑크 매장을, 항저우 올드 타운에는 헤이티 블랙을 론칭하는 식이다. 상하이에서는 화이트를 메인 베이스로 하되 골드와 오렌

블루보틀처럼 심플한 헤이티 매장의 전면 모습.

맛있기도 하고 예쁘기도 한 헤이티,
인스타그래머블 그 자체다.

지로 포인트를 준 매장들을 볼 수 있었다. 자연히 중국의 젊은 친구들은 다른 지역에 갈 때마다 다른 컬러와 느낌을 가진 헤이티 매장에 가보고 싶어하고, 독특한 매장을 찍어서 SNS에 공유한다. 물론 컬러가 바뀌더라도 기본적인 브랜드 정체성은 사라지지 않는다.

기술이 만들어낸 경험, 헤이티 고

헤이티가 유명해지면서 사람들이 매장 앞에 줄을 서는 일은 거의 기본이 되었다. 실제로 헤이티 앞의 줄은 길기로 유명하다. 나 역시 헤이티를 매장에서 마시는 것이 쉽지 않았는데, 그 와중에 줄을 서지 않고 헤이티를 찾으러 오는 사람들이 눈에 들어왔다. 배달도 배달이었지만, 자기가 마실 음료를 직접 찾으러 오는 손님들이 많아 보였다. 헤이티 한 잔을 마시려면 1시간 이상 기다려야 하는 상황이 빈번해지자, 2018년 헤이티는 '헤이티 고Heytea Go'라는 모바일 주문 시스템을 도입한다. 헤이티 고는 위챗 내의 미니 프로그램 형태로 제공돼 고객들이 따로 헤이티의 앱을 찾아서 깔지 않아도 된다. 위챗은 중국 텐센트에서 만든 모바일 메신저로 우리나라의 카카오톡과 같은 서비스다. 위챗이 2017년 론칭한 미니 프로그램은 간단히 말해 이용자가 각종 서비스를 스마트폰 앱을 깔지 않고 위챗에서 검색해 이용하도록 만든 시스템이다.

위챗과 미니 프로그램 덕에 헤이티 고를 더 편리하게 쓸 수 있는 것은 당연하다. 대부분의 사람들이 위챗을 깔았을 테니 주변의 미니 프로그램 찾기를 터치하면 헤이티 고를 찾을 수 있다. 헤이티 고를 터치해 모바일로 미리 음료를 주문하고, 알람이 오면 매장에서 자신의 음료를 찾아가기만 하면 된다. 주문의 디테일도 매우 상세하여 매장에서 주문하는 것과 다를 바가 없다. 스타벅스가 사이렌 오더를 만든 것처럼, 헤이티도 헤이티 고라는 디지털 기술을 통해 오프라인 매장에서 고객들이 가장 불편하게 여기는 요소를 과감하게 줄여준 것이다.

헤이티 고는 2020년 기준으로 위챗에서 가장 인기 높은 미니 프로그램 10위 안에 들 정도로 엄청난 트래픽이 몰렸다고 한다. 좋은 점은 또 있다. 고객이 헤이티 고를 통해 남긴 데이터들이 그대로 헤이티에 제공되어, 또 다른 고객경험을 만들거나 신제품을 개발하는 데 활용된다는 것이다.

더 놀라운 시도는 바로 '팬 만들기'다. 헤이티는 최근 헤이티 고 시스템을 통해 헤이티 생태계HeyTea universe를 구성하여, 충성도 높은 헤이티 고객들을 만들어내려고 노력하고 있다. 헤이티는 그들의 고객이 디지털 생태계에서 꾸준히 활동하도록 게이미피케이

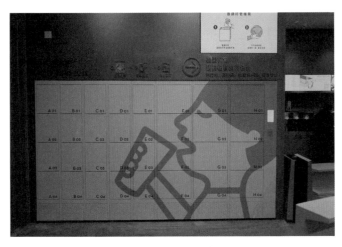
주문한 음료를 찾아갈 수 있는 헤이티 매장 내의 픽업큐브.

션 전략을 도입했다. 우리가 게임을 할 때 서로 경쟁하는 것처럼, 헤이티 생태계 내에서 등급 올리기를 하도록 고객을 자극하는 전략이다. 헤이티 멤버십은 실버, 골드, 플래티늄, 다이아몬드, 블랙, 골드라는 6개의 레벨로 나뉜다. 물론 헤이티 음료를 많이 마시면 등급이 올라가지만, 재미를 주기 위해 각 등급마다 미션을 주고 그 미션을 완수하면 다음 등급으로 승급할 수 있도록 해두었다. 헤이티 생태계에 매일 접속해 출석 도장을 찍거나, 신제품 리뷰 등의 활동을 많이 할수록 할인권이나 한정판 굿즈 등의 혜택을 제공한다.

헤이티라고 코로나19로 인한 타격이 없었을까? 이들은 위기에도 명민하게 대응해 고객들로부터 큰 호응을 얻었다. 매장을 찾은 고객이 다른 사람들과 접촉을 꺼릴 것이라 예측하고, 비대면 노터치 배달No-Touch Delivery 시스템을 빠르게 내놓은 것이다. 이것이 가능했던 것은 픽업큐브 시스템이 구축되어 있었기 때문이다. 헤이티의 매장에 위치한 픽업큐브에 가서 주문 코드만 입력하면 내가 주문한 음료를 찾아갈 수 있는 시스템 덕분에 코로나19라는 위기를 넘길 수 있었다.

헤이티의 마케팅과 성공을 두고, 모두가 왕홍网红(온라인 상의 유명인사), 그러니까 인플루언서 덕분이라고 이야기한다. 그 말은 맞다. 하지만 브랜드가 왕홍에게 보여줄 '꺼리'를 준비하지 않았는데 그들이 알아서 콘텐츠를 만들어 퍼뜨리겠는가? 헤이티는 우선 디지털에서 무엇이 잘 먹히는지 이해하고 있었다. 왕홍들이 자진해서 온라인에 올릴 만한 제품과 인테리어, 패키지, 캐릭터 등을 일관된 브랜드 전략으로 준비했고, 이는 곧 바이럴로 이어졌다. 아울러 헤이티 고와 픽업큐브 등 온오프라인 양쪽에서 새로운 고객경험을 꾸준히 만들어냈다. 나아가 이 모든 것은 데이터로 축적되어 헤이티 생태계라는 디지털 플랫폼의 기반으로 이어졌다.

오늘날 소비를 주도하는 것은 분명 90년대생이 맞고, 그들이 일상의 대부분을 디지털 세상에서 보내는 것도 사실이다. 그렇다면, 이제 기업의 입장에서 가장 먼저 던져야 할 질문은 '우리 브랜드는 어떻게 해야 매력적인 디지털 플랫폼을 만들어갈 수 있을까?' 일지도 모른다. 예전에는 창업할 때 고객과 직접적으로 대면해 소통하는 오프라인을 먼저 염두에 두었다면, 지금은 온라인 생태계를 함께 그려나가야만 화제가 되고 사랑받는 브랜드가 될 수 있을 것이다.

___ 이승윤

주링허우의 뉴트로

이 : "대중에게 먹히는 히트상품은 예측가능하면서도 오묘해요. 상하이의 헤이티 매장을 보면서 성수동에 블루보틀 첫 매장이 생겼을 때가 생각났어요. 수백 명이 커피를 마시기 위해 줄을 서서 기다렸잖아요. 그런데 저는 솔직히 커피가 아주 맛있진 않았어요. 그렇다고 인스타그래머블한 음식에 꼭 의문을 제기할 필요가 있을까요? 홍콩 시티대학의 교수가 인스타그래머블한 음식이 진짜 맛있는가에 대해 조사를 했는데, 실제 맛있다고 느낀다는 결과가 나왔다는 거예요. 우리는 스스로 맛있다고 찍어 올린 음식을 실제로도 더 맛있다고 느껴요. 그 사진이 곧 자신을 드러내는 정체성이거든요. 요리를 예쁘게 플레이팅해서 먹으면 더 맛있게 느끼는 것처럼, 헤이티도 마찬가지라고 생각합니다. 보기만 해도 예쁜데 맛있다고 느끼는 건 당연하잖아요."

김 : "뉴트로가 요즘 트렌드를 주도하고 있긴 하지만, 사실 이건 단순한 인테리어나 트렌드가 아니라 사람들의 공감을 이끌어내는 시대적 장면이라 생각합니다. 그렇게 보면 우리가 살아가는 지금을 자기 나름대로 정리해보는 것도 대단히 의미 있는 작업이라 생각해요. 지금 우리의 삶이 훗날 누군가의 공감을 이끌어낼 수 있는 '꺼리'가 될 수 있으니까요. 이런 작업은 외식업자로서도 중요하겠지만, 개인적으로도 내 삶의 매 순간에 충실할 수 있기에 더욱더 필요한 일이죠."

서비스의 재발견,
주방을 열어 손님의 신뢰를 얻다

상하이는 대도시지만 '상하이 요리'라 하면 딱히 뭐라고 정의하기가 쉽지 않다. 도시 자체의 역사가 짧기도 하고, 요리가 발달한 도시가 아니어서 더욱 그렇다. 굳이 꼽자면 '참게' 정도? 그것도 상하이가 아닌 인근 쿤산의 양청호에서 나오는 것인데 알이 꽉찬 가을에 참게를 쪄 먹는 정도였다.

상하이 시내에서 좀 떨어진 곳에 소남국小南國이라는 중식 레스토랑이 있다. 제법 규모도 크고 깔끔한 데다 '상하이 요리 전문점'이라 스스로를 포지셔닝한 레스토랑이다. 유학생 입장에서 보면 '그냥 중국요리인데?' 싶고 가격도 꽤나 비싼 편이라 내 돈 내고 갈 일은 절대 없지만, '상하이 요리'를 맛보고자 하는 열망이 있는 여행객들이 밥을 사겠다고 하면 데려가는 곳이었다. 때마침 참게 알이 꽉찬 가을이라도 되면 운 좋은 사람이라며 찜게를 몇 마리 시켜주었고, 그때마다 함께 간 사람들이 복권이라도 당첨된 것처럼 기뻐했던 기억이 생생하다.

그렇게 (빙봉처럼) 기억 저편으로 사라졌던 소남국이 이번 책을 쓰는 동안 부활했다. 15년 가까이 내 마음에서 잊혀졌던 이 브랜드는 그사이 주식상장을 한 전국구 외식기업이 되어, 수십 곳의 매장과 여러 개의 굵직한 서브 브랜드를 소유하고 있다. 마침 동방명주 옆에 있는 쇼핑몰 정대광장을 가볼 참이었는데 소남국도 이곳에 입점해 있기에 들러 식사를 했다. 마치 정대광장의 대표 레스토랑처럼 전망 좋은 입지를 차지하고 인테리어도 백화점 꼭대기층의 고급 식당처럼 깔끔하게 해놓은 소남국을 보고 들어가기 전부터 기세에 눌렸다. 수십 개의 매장을 운영하는데도 이 매장을 단독으로 운영하는 것처럼 손이 많이 가는 메뉴 구성과, 대형 매장에 많은 손님이 몰아치는데도 혼선이 느껴지지 않는 빈틈없는 운영에서 다수의 매장을 운영하는 내공이 느껴졌다. 여러 개의 매장을 운영하는 이점을 최대한 활용하면서도, 각각의 매장에서는 독립된 운영과 분위기를 이어가고 있었다.

하지만 무엇보다 놀라웠던 것은 '서비스'였다. 중국에서 서비스에 놀라다니? 2002년만 해도 상하이에서의 서비스 경험은 불쾌한 기억뿐이었다. 처음 맞이한 당황스러움은 계산을 하고 거스름돈을 받을 때였다. 내가 준 지폐를 꼼꼼히 살피며 위조지폐가 아닌지 확인하는 것부터 기분 나빴는데, 가게의 직원은 잔돈을 거슬러주면서 내가 내민 손의 옆쪽 카운터에 탁탁 소리나게 내려놓았다. 위조지폐가 많았던 시절이기도 했고 중국은 손에서 손으로 돈을 건네지 않는 문화라는 것을 나중에야 알았지만, 그래도 사람을 앞에 놓고 너무 불쾌하게 구는 것 아닌가 하는 생각을 지울 수 없었다. 가끔은 그게 너무 불쾌해서 지폐로 받아든 잔돈을 똑같이 대놓고 위조지폐 검사하듯 확인한 적도 있다. 단적인 예긴 하지만 당시 중국의 서비스는 기대에 못 미치는 수준이었다. 좋은 서비스를 경험한 적이 없는 사람들에게 아무리 좋은 서비스를 해야 한다고 교육해봐야 나올 수 없었을 것이다.

그런데 퉁명스러운 응대를 당연하게 여겼던, 아예 기대하지 않았던 상하이에서 훌륭한 서비스를 보니 놀랍기도 하고 감회가 새롭기도 했다. 매장에 들어가 자리를 잡고 메뉴를 고르고 음식을 고르기까지 이루어지는 서비스가 호텔급에 가까웠다. 하지만 내가 정말 놀란 것은 남은 음식을 포장하겠다고 밝혔을 때였다.

서버가 들고 온 것이 예상한 일회용 스티로폼 용기가 아닌 '락

서버는 남은 음식을 종류별로 나누어 직접 밀폐용기에 담아주었다.

앤락 밀폐용기'였다. 그것도 우리에게 알아서 담아가라는 것이 아니라 남은 음식 종류에 맞게 용기의 개수를 맞춰서 가지고 온 후 테이블에서 직원이 직접 담아주었다. 그 과정 역시 친절했고, 주위를 둘러보니 우리 같은 손님이 한둘이 아니었다. 그제야 어느 기사에서 이와 관련된 내용을 읽었던 기억이 나서 다시 검색해보니 2013년쯤부터 이미 일회용품 사용과 음식물 쓰레기로 인한 환경문제를 해결하기 위해 업체와 MOU를 체결했다는 기사가 떴다. 당시부터 이미 환경을 의식하고 있었다니 놀랍다는 생각이 들었다. 또 하나 놀라운 것은 의자 위에 올려놓은 짐에 음식이 튈까 봐 천을 덮어주는 세심함이었다. 일반 매장에서도 호텔급 플러스 알파의 서비스를 구현하는 게 가능하구나 싶었다. 자연스레 생각이 많아졌다.

모두가 스타벅스나 맥도날드가 될 수는 없기에

음식 맛만큼이나 중요한 것이 서비스다. 외식업자 입장에서 이야기해보자면 서비스의 퀄리티를 끌어올리는 것은 쉽지 않다. 이를테면 소를 물가에 끌고 갈 수는 있어도 소에게 물을 마시게 하는 일이 어려운 것과 같다. 게다가 대부분의 사람들이 그렇듯 서버들도 매일 달라지는 컨디션과 시시각각 변하는 감정의 소유자여서 일률적인 서비스를 제공하기 어렵다. 그를 방지하기 위해 매뉴얼이라는 게 존재하지만 그 또한 듣는 사람의 컨디션에 따라 다르게 들린다. 서비스의 퀄리티를 끌어올리기 위해서는 교육과 훈련에 말 그대로 엄청난 공을 들여야 한다. 한 번 교육받는다고 사람이 변하지 않기에 열 번, 스무 번, 백 번, 이백 번 교육을 해야 하고, 될 때까지 반복적으로 훈련해야 아주 조금 달라지는 정도다. 그제야 기본적인 '매뉴얼'을 지키는 서비스가 가능해진다.

여기서 한발 더 나아가면 감동 있는 서비스가 된다. 이를 위해서는 '배려심'이 필요하다. 배려심은 직원들에게 손님을 위하는 마음이 스며들어야만 가능한데 이는 교육과 훈련만으로는 만들어지지 않는다. 직원들의 마음을 열어 진심을 끌어내기 위한 노력이 필요하다. 진심이 무엇인지에 대한 정의도 내려야 한다. 교육이 전부는 아니라고 했지만 우수한 브랜드들은 국내외 가리지 않고 교육비와 연수비용을 기꺼이 지불한다. 관건은 이들에게 어떤 방식으로 서비스 교육을 하느냐에 달려 있기 때문이다. 글로벌 기업들은 해외연수를 통해 탁월한 서비스를 경험시키거나 해외의 교육기관을 초빙하기도 한다. 지금도 오전에 상하이 거리를 다니다 보면 매장 앞에서 아침조회를 하는 장면들을 볼 수 있는데, 직원들을 일렬로 세워놓고 인사부터 멘트까지 훈련시킨다.

위생수칙이나 서비스를 생각하면 늘 떠오르는 장면이 있다. 조금 뜬금없지만 엄마 이야기다. 엄마는 차에 타면 늘 꾸벅꾸벅 졸았다. 1년에 이틀 쉬고 363일을 일하셨으니 조금이라도 편안함을 느끼면 저절로 눈이 감기는 거라 믿었다. 나는 차 의자를 뒤로 젖혀서 편안하게 주무시길 권했지만 엄마는 절대 머리를 기대지 않았다. 너무 불편할 것 같았는데 머리가 눌려서 망가지는 것보다는 불편한 게 낫다고 했다. 엄마 가게에서 일할 때에도 비슷한 장면을 많이 목격했다. 결혼식이나 모임이 있는 특별한 날이면 이모

상하이를 여행하면서 외식업자의 관점에서 크게
눈에 띄는 장면들이다. 주방의 CCTV, 오픈주방
및 매 시간마다 대청소, 슈퍼바이저의 체크리스트
와 교육장면, 주방직원들의 철저한 위생모 착용.

님들이 올림머리를 하고 왔다. 그날은 머리를 하고 온 이모가 그 매장의 주인공이었다. 그 머리는 너무도 소중한 것이어서 월드컵 우승컵처럼 귀하게 떠받들어져야 하는, 어떤 경우에도 훼손되어서는 안 되는 것이다. 서빙할 때에도 빠른 걸음을 유지하되 우아함을 잃어서는 안 됐고, 설거지를 할 때에도 몸이 좀 더 힘들지언정 머리는 지켜져야 했다. 올림머리가 아니어도 파마를 하고 오면 한동안 모두가 함께 지키는 암묵적인 룰 같은 게 있었다.

이제는 시대가 바뀌어서 올림머리가 대접받는 룰 대신, 주방에서는 반드시 위생모를 써야 하는 규정이 생겼다. 하지만 생각보다 많은 식당이 위생모 착용을 강제하지 않으며, 여전히 많은 이모님들이 머리하고 온 날에는 무언가 뒤집어 쓰는 것을 싫어한다. 여러 개의 매장을 운영하는 일도씨패밀리 입장에서도 위생모 착용을 강제하는 것이 쉽지만은 않다. 아무리 강조해도 잘 지켜지지 않는 경우가 꽤 있고, 한 번 두 번 예외를 두다 보면 어느새 무법지대가 되어 있다. 어쩔 수 없이 강제하면서도 마치 어릴 적 기억에 남아 있는 이모들의 소중한 인권을 탄압하는 것 같아 모질게 굴기가 힘들다. 젊은 친구들도 마찬가지다. 아침 일찍부터 일어나 공들여 스타일링을 하고 나오는 젊은 직원들만큼은 봐주고 싶은 마음이 굴뚝 같은데 그럴 수도 없고, 날이 더워서 땀이라도 많이 나는 날에는 그게 그렇게 미안할 수가 없다.

그래서인지 상하이에서 자연스럽게 내 눈에 먼저 들어온 것이 직원들의 위생모였다. 꽤 괜찮아 보이는 브랜드의 주방 직원들은 하나같이 위생모를, 심지어 이중으로 쓰고 있었다. 농담처럼 말해 보자면 주방에서 반도체 생산을 해도 무방한 것 같은 수준이었다. 카운터에서 셔츠에 넥타이를 맨 깔끔한 차림의 남자도 예외는 아니었다. 음료를 만드는 곳에 함께 있기 때문이다. 밖에서 관리감독을 하는 사람들도 위생모를 착용하고 있었다. 그러고 보니 정작 나는 매장관리를 하겠다고 주방에 들어가면서 위생모를 안 쓰는 때가 많았는데 반성이 들었다. 이 정도까지 강제하기란 정말 쉽지가 않았을 텐데 놀라웠다.

두 번째로 눈에 띈 것은 손님이 기다리는 쪽에 설치된 주방 CCTV 화면이었다. 일반적으로 CCTV는 매장을 비추기 마련인데, 바깥에서 주방 안쪽이 잘 보이지 않으니 적극적으로 손님에게 공개하는 것이었다. 어떤 위생 상태에서 만들어지는지를 자신 있게 보여주겠다는 의도다. 이 또한 근무하는 직원들의 반발이 적지 않았을 텐데 어떻게 이해시킨 것일까? 대부분의 손님들은 자세히 들여다보지 않지만, CCTV는 존재만으로 큰 신뢰감을 준다. 어떤 매장은 오히려 주방을 전면에 내세우기도 했다. 손님이 앉는 좌석이나 외부 인테리어, 혹은 상품의 진열 대신 전면에 주방을 배치하는 것도 신뢰를 얻는 좋은 방법이다. 먹거리나 조리과정에 대한 고객의 신뢰도가 흔들릴수록 주방을 적극 공개해 신뢰를 확보할 필요가 있다. 물론 우리나라에도 오픈 주방이 대세처럼 늘어나고 있지만, 내가 본 상하이의 오픈 주방은 실제로 일정 시간마다 브레이크 타임을 갖고 대청소를 했다. 마치 새로운 주방을 만드는 것처럼. 코로나19가 끝나면 우리 직원들과 함께 견학이라도 와야겠다는 생각이 들었다.

막무가내로 슈퍼바이징을 하다 보면 늘 무한반복되는 일들이 있다. 바닥에 묵은 때가 끼어 있거나 덕트에 먼지가 눌어붙어 있거나 천장 한 켠에 처져 있는 거미줄 등은 자연생성된다. 신기하게도 늘 같은 현장에서 일할 때는 안 보이는데 손님 눈에만 보이는 것들이다. 그래서 가급적 손님의 동선을 따라가면서 그 시선으로 매장을 관찰하고 청결을 유지하는 데 신경을 곤두세운다. 그런데도 주기적으로 무한반복된다. 대체 무엇이 문제였을까?

그러고 보니 외식업 선배들의 매장에 갈 때마다 사장님이 잔소리하는 장면을 종종 목격했던 기억이 난다. "그걸 몇 번을 말해줘야 아느냐"라는 말이 단골 멘트로 나온다. 나는 열 번이고 스무 번이고 될 때까지 말해주면 된다는 쪽이지만, 우리 회사에 필요했던 건 체크리스트를 통한 피드백이었다. 예민한 날이면 없던 흠도 찾아내는 들쑥날쑥한 관리 시스템이 아니라 모두가 공유한 체크리스트를 통해 관리하고 피드백을 주고받는다면 몇 번을 말해줘야 아느냐고 언성을 높일 필요가 없지 않을까? 놀랍게도 도쿄가 아닌 상하이에서, 브랜드 관리자들이 체크리스트를 들고 꼼꼼히 점검하는 모습과 그 후 진지하게 회의하는 모습을 보면서 들었던 생각이다.

외식업을 오래 해온 입장에서도 가장 정의하기 어려운 것이 서비스의 기준이다. 그만큼 중요하다는 이야기이기도 하다. 매일 셀 수 없이 많은 사람들이 들어오고 나가는 백화점의 영업도 결국은 단골장사가 핵심열쇠다. 예전에 백화점에 갓 입점했을 때 백화점 측 관리자 분이 망가진 브랜드를 살짝 알려준 적이 있다. 그때는 몰랐는데 지금 와서 보니 공통점은 '직원'이었다. 한두 번의 실수로 단골들이 하나둘 떠나가고 영업이 뜨내기 손님에 좌우되는 순간 매출도 뜨내기처럼 들락날락 요동치게 된다. 반면 성의껏 서비스한 매장은 단골이 쌓이고, 그게 대들보처럼 매출을 받쳐준다. 그런 서비스를 유지하기 위해선 나 스스로 '최선'의 기준을 정하고 끊임없이 직원을 설득해 이끌어야 한다.

여행 첫날 레스토랑 소대국의 서비스에 감동받은 것을 시작으로 여행을 마치고 돌아오는 날까지, 예전과 달리 특별히 거슬리는 서비스는 겪지 않았다. 내가 갔던 곳들이 유독 훌륭했을 수도 있고, 운이 좋았던 것일 수도 있겠지만, 상하이가 달라진 것은 분명하다. 모든 일이 그렇듯 정해진 답은 없다. 무조건적인 친절도 답은 아니다. 예전처럼 무조건 손님이 왕이라고 할 수 없는 시대에 서비스의 범위를 재정의해야 하는 것도 외식업자의 숙제일 것이다. 모두에게 감동과 울림을 줄 수 없다는 점을 처음부터 인정하고, 서비스에서 실패하지 않을 확률을 높이는 전략을 써보면 어떨까? 어쩌면 이상적인 접객은 진심이라기보다 끊임없는 확인과 반복의 축적으로 만들어가는 것인지도 모른다.

___ 김일도

서비스의 재발견, 주방을 열어 손님의 신뢰를 얻다

레고와 m&m,
제품을 바꾸지 않고도 혁신을 만드는 법

'에루샤'라는 단어가 화제다. 에르메스, 루이비통, 샤넬의 줄임말로, 이 3대 명품은 오프라인의 상징인 백화점의 침체에도 불구하고 매출과 영업이익이 모두 올라 화제가 되고 있다. 그 이유는 무엇일까? 우선은 하나를 사더라도 나중에 되팔 것을 감안해 '가치있는' 것을 사겠다는 MZ세대의 소비패턴과 명품의 희소성이 맞아떨어졌을 것이다. 여기에 명품의 온라인 판매나 파격적인 협업도 영향을 미쳤다. 샤넬은 카카오톡 판매를 시작했고 에르메스도 디지털에 뛰어들었으며, 루이비통은 온라인 게임 리그오브레전드와의 컬렉션을 발표하기도 했다. 제품의 판매방식을 바꾸기만 해도 눈에 띄는 매출상승을 이룰 수 있는 혁신적 마케팅이 먹힌 것이다.

혁신은 모든 기업의 목표 중 하나다. 혁신은 제품의 기능이나 기술을 향상시키거나, 제품을 만드는 데 들어가는 비용을 혁신적으로 낮춰 많은 사람들이 해당 기술을 사용할 수 있도록 하는 데서 시작된다. 하지만 앞에서 말한 것처럼 제품개발이 아닌 다양한 마케팅 활동만으로도 얼마든지 혁신을 꾀할 수 있다. 가령 53년차인 중년기업 빙그레는 일명 '도른자(돌은자) 마케팅'으로 MZ세대의 마음을 사로잡은 대표적 사례로 꼽힌다. 의사결정과 커뮤니케이션 문법이 빠르게 변하는 디지털 환경에서 젊은 직원에게 SNS 마케팅의 주도권을 일임한 것이 효과를 거둔 것이다.

여행을 다니는 동안에도 제품을 돋보이게 하는 혁신적 고객경험을 전하는 브랜드를 만나게 된다. 상하이 난징동루의 m&m 매장도 그중 하나였다. 초콜릿은 전 세계 사람들이 가장 좋아하는 간단한 간식 중 하나이며, 하루에 다양한 곳을 다녀야 하는 여행에서 에너지 보충에 유용한 먹거리가 된다. 소위 '당이 딸린다'고 느낄 때 가방에서 찾아낸 초콜릿이 얼마나 반갑고 든든한지, 아마 비슷한 경험이 한 번쯤 있을 것이다. 그래서일까? 대도시의 유명 관광지에 가면 m&m 매장을 하나쯤은 볼 수 있다. 세계적으로 유명한 초콜릿이자 여행객들에게 환영받는 m&m이지만, 사실 제품만 보자면 별다른 특이점이 없다. 새끼손톱 크기의 둥근 모양을 한 이 초콜릿은 이제껏 모양을 바꾼 적도 없고 어찌 보면 단맛을 내는 캔디에 가까워 보인다. 하지만 난징동루에 위치한 m&m 매장에 들어서는 순간, 이 초콜릿은 제품이 아닌 가까운 친구 같은 친밀함을 드러낸다.

우선 스토어를 방문한 아이들은 m&m의 1층 입구에 들어가자마자 보이는 디지털 키오스크를 통해, 자기 캐릭터에 맞는 초콜릿을 찾아갈 수 있다. 아이들은 이 과정에서 자연스럽게 초콜릿을 하나의 인격화된 존재로 인식한다. m&m은 우리가 이 매장을 방문한 이유가 단순히 초콜릿을 사기 위해서가 아니라, m&m의 다양한 초콜릿 친구들과 놀기 위해서라는 것을 1층 시작점부터 의도적으로 인식시킨다. 2층으로 올라가는 계단에는 '2 Floors of Fun'이라고 쓰여 있는데, 끊임없이 깜빡거리는 형형색색의 불빛이 아이들의 기대감을 증폭시킨다.

2층에 올라가면, m&m 초콜릿 탈을 쓴 마스코트들이 반갑게 환영한다. 이 캐릭터들은 마치 놀이공원에서 하는 쇼처럼 시간대별로 다양한 음악에 맞춰서 공연을 시작한다. 아이들은 다시 한 번 자신도 모르는 사이에 이 초콜릿 캐릭터들을 사람으로 받아들인다.

이제 어느 정도 브랜드에 대한 애정이 쌓였다면 본격적으로 다양한 형태의 재미를 경험할 차례다. 우선 골라먹는 재미다. 벽에는 수많은 색상의 초콜릿들이 '나를 선택해주세요'라며 기다리고 있다. 아이들은 초콜릿 통을 들고 원하는 대로 초콜릿을 믹스해서 먹을 수 있다. 너무 종류가 많아서 무엇을 고르면 좋을지 혼란스러워 하는 방문객들을 위해, 시그니처 믹스signature mix라는 이름으로 가장 맛있게 초콜릿을 먹는 방식도 보여준다. 해당 시그니처 믹스에는 재미있는 캐릭터들이 부여되어 있어 마치 새로운 친구를 사귀는 느낌을 선사한다.

자신의 스타일대로, 자신이 좋아하는 캐릭터에 맞는 초콜릿을 조합해 먹는 일이 끝났다면, 이제 나만의 초콜릿을 만들어볼 차례다. 2층의 디지털 키오스크에서는 초콜릿 표면에 글씨를 새겨서 다른 사람에게 선물할 수 있다. 본인의 얼굴이나 친구와 함께 찍은 이미지를 넣을 수도 있고, 'Love You'나 'Marry Me' 같은 문구를 넣어 초콜릿을 어린이만이 아닌 어른의 선물용으로도 가능하게끔 옵션을 다양화했다.

초콜릿 표면에 자기가 넣고픈 글씨나 이미지를 입혔다면, 다음은 만드는 과정을 경험할 차례다. 자신이 원하는 초콜릿을 담아

상하이의 m&m은 자기 캐릭터에 맞는 초콜릿을 찾으라는 메시지로 시작된다.

초콜릿의 표면에 자기가 넣고픈 글씨를 입힌다.

서 직원에게 가져가면 나만의 초콜릿이 만들어지는 과정을 눈 앞에서 볼 수 있다. 벽 한 켠에 초콜릿 생산기계가 놓여 있고 직원이 방문객이 가져온 초콜릿을 기계에 부으면, 약 1분 후 키오스크를 통해 이미지나 글씨가 새겨진 초콜릿을 받아볼 수 있다.

m&m은 모양이 일정하기에 크기나 모양 자체에 변형을 주는 것은 큰 비용이 소요된다. 따라서 m&m은 제품의 변화를 꾀하기보다 부가적인 요소, 즉 색깔을 바꾸고 표면에 소비자가 원하는 다양한 이미지들을 새겨 넣도록 했다. 동시에 초콜릿을 담는 통을 다변화함으로써, 마치 자신이 원하는 초콜릿을 고른 느낌을 갖도록 했다. 아울러 매장에서는 노트와 동전지갑, 스마트폰 케이스까지, 아이와 어른 할 것 없이 좋아할 캐릭터 굿즈를 판매하고 있다. 평소 m&m에 엄청난 애정을 가진 건 아니었지만, 귀여운 초콜릿 통을 꼭 갖고 싶어서 나도 모르게 기념품으로 구입하게 되었다.

앞서 말한 것처럼, 기존의 경영학에서는 혁신이란 제품력을 극대화하거나 원가를 절감하는 데서 시작된다고 배웠다. 이론이 아닌 현장에서도 혁신을 거창한 아이디어로 받아들이거나, 원가절감 혹은 획기적인 기술로 접근하기 마련이다. 그러나 현실로 이동해보면 제품의 매력에는 한계가 존재할 수밖에 없다. 만일 당신이

샤넬 향수병 모양의 유리병에 우유를 넣어 파는 우유 전문점.

파는 제품이나 서비스에서 비용의 급등 없이 혁신을 이루고 싶다면? 제품의 한계가 분명한 비즈니스를 하고 있다면? 아시아에서 유일한 난징동루의 m&m 매장에서 또 다른 혁신의 힌트를 찾을 수 있지 않을까.

비슷한 맥락에서 상하이 골목길, 창러루에서 맞닥뜨린 독특한 우유 전문점도 기억에 남는다. 테이크아웃만 가능한 작은 매장의 전면에 우유가 근사하게 디스플레이된 곳이었는데, 우유가 모두 샤넬 향수병 모양의 유리병에 담겨 있다. 하도 그럴듯해서 실제 향수를 파는 곳인가 잠시 헷갈리기도 했다. 홍차, 초콜릿, 카라멜, 딸기 등 다양한 맛의 우유를 맛볼 수 있는데, 심지어 정관장 홍삼 맛도 있다! 평범한 우유를 케이스만 바꾼 것인데도 케이스가 예쁘니 괜히 다른 사람들에게 선물하고 싶은 마음이 든다. 나 역시 우유를 마신 후 케이스를 버리지 않고 가져왔다. 나중에 알게 된 사실은 이곳 주인이 한국인이라는 것. 인스타그래머블 요소가 가득한 이 브랜드가 상하이에서 꾸준히 순항하기를 바라는 마음이 들었다.

레고로 쌓아올린 디지털 경험

스마트폰 하나만 있으면 하루종일 조용하다 못해 고요해지는 아이들을 볼 때마다 자연스레 나의 어린 시절을 떠올리게 된다. 우리 때는 집집마다 레고가 있었다. 친구 집에 가도, 친척 집에 가도 블록 하나씩은 있을 만큼, 소위 X세대라 불리는 지금의 장년층에게 레고는 필수템이었다.

경영학에서는 '레고는 어떻게 무너진 벽돌을 다시 쌓아 올렸나?'라는 주제로 레고를 이야기한다. 끝없이 이어질 것 같았던 레고의 성장은 2002년 이후 멈추고 말았다. 위기는 디지털 시대와 함께 찾아왔다. 디지털 기반의 컴퓨터 게임이 등장하면서, 아날로그 장난감의 대표주자인 레고의 매출이 눈에 띄게 떨어지기 시작한 것이다. 급기야 레고는 2004년 파산 위기에 직면한다.

위기에 처한 레고를 구해낸 것은 나와 같은 수많은 레고 팬들이었다. 레고는 자신의 팬들을 물건을 구매하는 소비자가 아닌, 레고를 창의적인 방식으로 함께 개발해가는 파트너로 포용함으로써 2005년 흑자 전환에 성공한다. 그 후 레고는 연평균 10%가 넘는 안정적인 매출 성장을 기록하며 2014년에는 바비인형으로 유명한 마텔을 제쳤고, 매출 기준으로 전 세계 최대의 장난감 회사로 화려하게 부활한다. 이렇게 몇 줄로 정리하니 매우 쉬워 보이지만, 한번 위기에 빠진 회사가 재기하기란 정말 어려운 일이며, 그럴 확률 또한 매우 낮다. 재기했다고 해도 언제 다시 잊혀질지 모르기에, 레고의 행보에 주목할 수밖에 없다.

인간이 만들어낸 최고의 장난감으로 늘 손꼽히는 레고. 레고의 경쟁자는 다른 장난감이나 모바일 게임만이 아닐 것이다. 거의 모든 어린이들이 '유튜브 키즈Youtube Kids'와 같은 디지털 채널로 눈과 귀를 돌리는 시대, 레고는 어떻게 혁신을 만들어내며 위기를 돌파하고 있을까? 난징동루의 레고 스토어를 돌아보며 나도 모르게 그 힌트를 찾고 있었다.

레고의 혁신성은 매장 입구에서부터 드러난다. 입구 왼쪽에 어린이 손 모양을 한 작은 마크가 아이들의 눈높이에 맞게 위치해 있는데, 아이가 이곳에 손을 가져가면 앞에 보이는 디지털 키오스크를 통해, '반가워, 너만의 레고 캐릭터를 소개할게'라고 레고가 말을 걸어온다. m&m처럼 들어가는 입구에서부터 레고와 애정을 형성할 수 있도록 의도한 것이다.

매장은 아이들이 레고 블록을 직접 가지고 와서 적극적으로 놀 수 있게끔 체험형으로 구성되어 있다. 다만 이 체험은 레고가 알아서 세팅하는 것이 아니라, 이곳에서 너만의 레고를 만들 수 있다는 메시지를 지속적으로 던지는 식이다. 이를테면 미니 피규어의 머리와 다리, 몸통에 해당하는 블록들이 전부 다르게 진열되어 있는데 아이들은 이를 조합해 자기가 원하는 모양의 피규어

아이들의 눈높이에 맞춘 레고 스토어의 입구 표식.

레고 스토어의 대부분은 디지털화되어 있다.

를 완성할 수 있다.

매장을 둘러보면 제품을 많이 팔려는 의도보다 방문한 사람들이 레고와 관련된 다양한 경험을 하도록 공간을 구성한 의도가 느껴진다. 1, 2층 매장 곳곳에 아이들과 어른들이 레고를 가지고 놀 수 있는 장소를 마련한 것도 그중 하나다. 1층에서 2층으로 올라가는 벽에는 상하이의 랜드마크인 동방명주를 비롯한 유명 관광지를 레고로 조립해두어 포토존 역할을 한다.

이와 별개로, 난징동루의 레고 스토어에서 느낀 가장 큰 매력은 디지털과의 조화였다. 우리는 보통 박스에 인쇄된 이미지를 보고 레고를 고른다. 아이들이 아무리 상상력을 동원해도, 박스 안에 들어 있는 레고 블록들을 조립하면 어떤 모양이 될지 완벽하게 짐작할 수는 없다. 그렇다고 모든 박스를 다 뜯어보도록 허용할 수는 없기에 레고는 박스를 스캔하면 그 안에 들어 있는 블록으로 어떤 장난감이 만들어지는지를 미리 화면으로 볼 수 있는 기기를 마련해두었다. 그 옆에는 자신만의 레고를 만들 수 있도록 돕는 기계를 눈에 잘 띄게 놓아두었다. 자신만의 레고 기념품을 만들어보라는 의도다. 친구와 함께 사진을 찍어서 모자이크 형태의 레고블록 기념 포스터를 만들 수 있는 세션도 2층에 마련해두었다.

여행을 하나의 단어로 정의할 수는 없지만, 그래도 가장 근접한 말을 꼽으라면 단언컨대 '경험'일 것이다. 상하이를 여행하는 내내 나를 따라다닌 단어도 '경험'이었다. 상하이의 레고 스토어에서 나는 고객의 입장에서 철저히 새롭게 기획된 경험의 의미에 대해 다시 생각하게 되었다. 디지털이 세상과 고객을 변화시키고 있다. 온라인과 오프라인을, 모바일과 리얼리티의 경계를 나누는 것이 무의미하다면, 우리가 이제껏 생각해온 경험의 의미와 범위도 달라져야 하지 않을까? 많은 이들이 '메타버스metaverse'를 이야기하는 시대, 몇 년 후 상하이의 레고 스토어는 어떻게 바뀌어 있을까? 아이들과 여행객들로 붐비는 틈에서 나도 모르게 경험의 미래를 그려보고 있었다.

__ 이승윤

서비스의 재발견

김 : "상하이의 매장들에서 주방 내부를 보여주는 CCTV가 눈에 띄었고, 업자의 눈에서 보면 꽤 잘되고 있다고 느꼈어요. 손님을 안심시킬 수 있고, 한국에서도 슬슬 이러한 움직임이 확산되고 있고요. 하지만 손님들의 입장에서 이러한 것들이 과연 신뢰를 주는 도구라고만 느낄까요? 오히려 비인간적이라고 거부감을 느끼지 않을까요? 비단 외식업계만의 일은 아닐 겁니다. 모든 기업의 숙제죠. 투명성을 어필하는 것과 우리 나름의 솔직함을 진정성 있게 보여주는 건 분명 다르거든요."

이 : "진정성은 모든 기업의 화두지만, 거창한 의미가 아니라고 생각해요. 'Put yourself in someone's shoes'라는 말이 있어요. 직역하자면 다른 사람의 신발에 들어가봐, 즉 그 사람의 입장이 되어보라는 거죠. 상하이의 레고 스토어에서 저는 그 지점을 유심히 봤어요. 레고 스토어에 들어갈 때 아이들의 눈높이에 맞춘 표식, 아이들에게 레고가 어떻게 완성될지 미리 보여주는 디지털 기기까지, 상하이의 레고 스토어에서는 아이들의 눈높이에서 레고를 얼마나 오래 연구하고 만들어왔는지가 그 어떤 곳에서보다 잘 느껴졌어요. 고객을 감동시키려면 그 사람이 되어보라는 게 기업에 필요한 메시지이자 진정성이 아닐까요?"

상하이에서
브런치를 먹어야 하는 이유

몇 년 전 누나가 청담동에 괜찮은 브런치 집이 있다며 엄마와 나를 데리고 갔다. 연예인 누구누구가 단골인 데다 에그 베네딕트가 유독 맛있다는 말을 한 귀로 듣고 한 귀로 흘려 들으며 눈으로는 매장을 예리하게 훑어보았다. 오전 11시도 안 됐는데 매장은 손님들로 가득 차 비집고 들어갈 틈도 없어 보였다. 손님 대부분은 평소 호불호가 또렷한 30~40대 여성들이었다. 손님 중에서도 까다롭다고 생각하던 고객층이어서 내심 기대가 됐다. 대체 어떤 음식이길래 이렇게 열광하는 걸까?

잠시 후 넥타이를 맨 잘생긴 서버가 정중히 접시를 내려 놓고 갔을 때부터 나는 생각이 많아졌다. 머리가 복잡해졌다. 접시 한

가운데 놓인 손바닥만 한 빵조각 위에 반숙 계란 두 알이 소스와 함께 올라가 있었다. 그 옆에 바삭바삭하게 말라 비틀어진 베이컨 한 줄도 함께.

"이게 1만 8000원이나 한다고?" 소스라치게 놀라자 누나는 그런 내가 부끄러웠는지 조용히 좀 하라는 말로 눈치를 줬다. 수프와 샐러드까지 시키니 7만 원이 훌쩍 넘었다. 외식업을 하는 엄마와 나는 눈치를 주고받으며 원가 계산에 들어갔고, 닭갈비를 7만 원어치 팔려면 대체 얼마만큼의 노력을 쏟아야 하는지 아느냐, 그동안 우리는 헛수고를 한 것 같다며 말이 많아졌다. 누나는 지겹도록 들었을 동생과 엄마의 직업병에서 나온 멘트를 아랑곳하지 않고 자기가 하고픈 말만 했다. 에그 베네딕트의 반숙 계란을 나이프로 살짝 건드리면 계란 노른자가 주르륵 흘러나오는 곳이 잘하는 집이라며, 사진은 그 포인트를 찍어야 한다는 나름의 꿀팁을 주었다. 외식업을 하는 사람들과 함께 밥을 먹어야 하는 누나도 꽤나 피곤했겠지만, 나도 무조건 고개를 끄덕일 수는 없었다. 아무튼 여러 차례 가성비에 대한 갑론을박을 거듭하는 동안 시간이 흐르면서 브런치는 우리의 일상에 자리를 잡아갔다.

사실 누나의 이야기는, 아니 브런치 소개에는 잘못된 점이 없었다. 다만 나는 외식업을 하면서 가성비의 늪에서 허우적거리던 시기였고, 가성비가 좋다는 손님들의 칭찬을 들을수록 남는 게 점점 없어지는 아이러니를 몸소 겪고 있었기에 못마땅했을 뿐이다. 우리 가게에 오는 손님들은 대체로 너그러웠지만, 닭갈비 양이 줄었다고 따지거나 양배추를 몇 점만 더 넣어달라며 우리를 난처하게 만드는 이들도 있었다. 밑반찬으로 김치를 주지 않으니 다시는 안 오겠다는 손님도 있었다. 그런데 브런치 레스토랑에서는 유독 다들 우아해 보였다. 빵과 반숙 계란 두 알에 상당한 가격을 지불하고도 아무런 불평 없이 노른자에만 신경을 쓰다니.

무엇이 다른 걸까? 지금 같았으면 금세 그 마음을 이해했겠지만, 아무래도 지금보다는 조금 서툴렀을 예전의 나는 그 다름을 이해하는 데 다소 시간이 걸렸다. 브런치 가격은 단순히 접시 위에 올라온 식재료와 조리비가 아니라, 나만의 사치를 누릴 수 있는 우아한 시간과 공간에 대한 비용이 포함된 것이었다. 여기서 힌트를 얻어서 일도씨닭갈비에도 슬며시 수프와 코울슬로 등 브런치적 요소를 도입했고 결과적으로는 대성공이었다. 만약 내가 브런치를 원가의 측면으로만 판단하는 데 그쳤다면 나는 여전히 가성비의 늪에서 허우적거리고 있었을 것이다.

음식뿐 아니라 손님들의 감정을 터치하는 외적인 요소들을 통해 가치를 부여해야만 가성비를 넘어 가심비를 구현할 수 있다.

외식업은 아직까지는 사람의 손이 절대적으로 필요하고 쉽게 스케일업을 시도하기 어렵다는 특성을 갖는다. 이를 고려하면 가성비 탈출이야말로 현재의 외식업이 가야 할 방향이라 생각한다. 온프라인뿐 아니라 온라인에서도 그러한 시도가 이어지고 있다.

그런 측면에서 상하이의 브런치 문화를 들여다보고 싶었다. 심지어 상하이의 브런치 문화에는 우리와 조금 다른 특별한 맥락 context이 존재한다. 브런치 이야기를 하면서 굳이 역사까지 들먹이고 싶지는 않지만, 상하이의 브런치 문화는 조계지를 떼어놓고 설명할 수 없다.

우리나라의 일제강점기처럼 상하이에도 아편전쟁으로 프랑스인들의 조계지가 생겼고, 조계지는 한때 중국인은 출입할 수도 없었던 서양 사람들의 땅이었다. '개와 중국인은 출입금지'라는 푯말이 붙을 정도로 굴욕적인 곳이었지만 그 흔적을 지우지 않고 남겨놓았고, 현대에 다시금 서양 사람들이 그때와는 다른 형태로 들어와 자리잡으면서 중국과 서양, 과거와 현재를 아우르는 독특한 문화를 만들어내는 토대가 되었다. 적당히 뉴욕이나 파리의 감성을 흉내내는 게 아니라, 실제로 세계적인 미슐랭 셰프들이 직접 매장을 열어 요리를 하고, 서양 사람들이 손님이 되어 고개를

매장의 분위기와 빵 맛까지 모든 기본기가 탄탄
했던 매장, 'Bread etc'.

끄덕이며 먹는 문화가 형성된 덕에, 상하이에서는 브런치가 젊은 층이나 연인만이 아닌 다양한 고객층이 찾는 외식업의 한 장르가 된 것이다.

"중국까지 와서 브런치를 먹는다고?" 한국 사람들이 된장찌개나 김치찌개만 먹지 않듯 다른 나라 사람들도 자국의 음식만 먹지는 않는다. 여행을 할 때는 그 나라의 음식뿐 아니라 현지인들이 문화적인 측면에서 즐기는 음식을 들여다보는 것도 큰 공부가 된다. 상하이에 온 미슐랭 셰프들이 어떻게 현지화를 해나가고 있으며 로컬 브랜드들은 그 물줄기를 어떻게 이어가는지를 이해하는 데도 큰 힌트가 되었다.

'Bread etc'는 프랑스 미슐랭 3스타인 라르페주의 셰프, 알랭 파사르 아래서 페이스트리 셰프Pastry Chef를 맡았던 셰프가 오픈해 화제가 된 베이커리 카페다. 매장은 총 두 곳이 있는데 나는 정안사 부근 징안캐리센터 맞은편의 2호점에 갔다.

매장은 너무 부담스럽지도, 너무 가벼워 보이지도 않는 인상을 풍겼다. 문을 열고 들어서는 순간 큼직하고 사랑스럽게 생긴 빵들이 환한 표정으로 맞이하는 가운데 'Bread New World'라는 문구가 눈에 들어온다. 이 매장의 와이파이 비밀번호이기도 하다.

대개는 그냥 적당히 숫자와 알파벳으로 구성하는 것과 달리 비밀번호에서부터 빵에 대한 철저한 자부심이 느껴진다.

공간은 1층과 2층으로 나누어져 있다. 각각의 공간에 따뜻한 컬러들을 센스 있게 배치했고 전구조명과 로고가 새겨진 흰색 접시를 조합해 따뜻함이 마치 빛처럼 퍼지며 반사되게끔 했다. 접시가 달린 조명은 1~2층을 관통하는 오브제로도 쓰여 매장의 중심을 잡아준다. 보통 베이커리의 인테리어가 엇비슷한 것을 생각하면, 크게 튀지 않으면서도 볼거리를 마련해주는 영리한 컨셉이다.

매장은 시간대별로 주문할 수 있는 메뉴가 다르다. 오전 8시에 문을 열어 10시까지는 달달한 디저트 류를 판매하고 그 후 정오까지는 브런치 세트가 판매된다. 그 후로는 샐러드와 수프, 샌드위치 등을 단품으로 주문해야 한다. 신메뉴가 꾸준히 업데이트되는 매장인 만큼, 메뉴가 바뀌는 것을 염두에 두고 방문할 필요는 있어 보인다. 눈에 들어오는 것은 다양한 손님층이었다. 여성 고객뿐 아니라 혼밥러와 노부부가 브런치를 먹으러 오는 모습도 자주 보이고, 점심의 피크타임에는 근방의 직장인들이 경쟁하듯 빠른 걸음으로 들어온다. 오전에는 영어와 불어가 난무하는 외국인들의 식사가 주류를 이룬다.

관전 포인트는 단연코 빵이다. 셰프가 빵 장인인 만큼 가급적 빵을 활용한 다양한 음식을 먹어보길 추천한다. 재미없어 보이는 기본 바게트에 무염 버터를 발라 먹기만 해도 묘하게 풍미가 느껴지는 색다른 경험을 할 수 있다. 샌드위치에 쓰는 빵과 샐러드에 기본적으로 나오는 빵의 식감들이 각각 다르니 다양한 시도를 해도 실패가 별로 없을 것이다. 개인적으로는 미트볼 샌드위치가 원픽이었다. 소스 하나, 버터 하나, 재료 하나를 쓰더라도 풍미를 아는 셰프의 솜씨라 그런지 음식마다 탄탄한 기본기가 느껴진다. 독특하고 특별한 음식이 시선을 끌기는 쉽지만, 결국 긴 호흡으로 사랑받는 것은 기본에 충실한 음식이다.

안푸루에서 만난 와가스와 브런치 매장들

예술가들이 모이는 거리, 안푸루에는 와가스Wagas의 매장들이 진을 치고 있다. 와가스는 'EAT WELL, LIVE WELL!'을 브랜드 슬로건으로 내세우며, 단순한 음식을 뛰어넘어 잘 먹고 잘 살 것을 권장하는 라이프스타일 브랜드라 스스로를 정의한다. 실제 와가스의 창업자는 1999년 상하이에서 괜찮은 샌드위치를 찾지 못해 직접 카페를 열었을 만큼 음식 퀄리티에 대한 집착과 자부심이 대단하다. 2010년에는 품질에 대한 집착으로 '베이커 앤 스파

안푸루의 와가스 매장, 같은 공간에 다른 컨셉의 자사 브랜드 매장을 모아두었다.

이스'를 만들었고, 매일 신선한 빵을 구워 자신의 브랜드들에도 공급한다. 지금이야 라이프스타일을 이야기하는 브랜드가 제법 많아졌지만, 와가스는 꽤 오래전부터 이러한 뜻을 품고 추진해온 능력자다.

안푸루에 가면 3층짜리 건물에 베이커 앤 스파이스, 미타이Mi Thai, 미스터 윌리스Mr. Willis까지 층마다 와가스에서 만든 각각의 브랜드가 자리하고 있다. 미타이의 'mi'는 쌀*의 음을 따서 만든 타이 식당인데 입구에 붙은 미슐랭 스티커가 망설임을 줄여준다. 어디든 제법 들어가고픈 느낌을 준다. 어느 매장을 선택하더라도 기본은 한다는 신뢰감을 주는 것이 브랜드의 힘이며, 그 신뢰감이 구축되는 순간 문턱을 낮추는 역할을 한다. 와가스 그룹의 호주 셰프 이름을 따서 만들었다는 미스터 윌리스는 이탈리안 음식점이다. 1층부터 3층까지 같은 공간에 다른 컨셉의 자기 브랜드를 모아놓은 모습은 업자의 입장에서 부럽기까지 했다. 세 곳은 '우리 고객들이 좋아할 만한 것'이라는 점에서는 같은 결을 유지하되, 고객이 원하는 분위기(혹은 상황)는 좀 더 다양하게 제시하고 있었다. 브랜드를 모으면 바이럴 파워도 세지지만, 관리 측면에서도 효율이 높아진다.

길을 따라 걷다 보면 교차로 쪽부터 'base'라고 쓰인 큰 건물이 눈에 띈다. 1층에는 역시 와가스 매장이 있다. 펑크 앤 케일 Funk & Kale이라는 브랜드다. 외국인이 만든 브랜드인 만큼 전반적으로 서양의 식문화를 기반으로 확장해 나간다. 샐러드 브랜드와 베이커리, 그리고 캐주얼 다이닝을 조금씩 변형해서 내놓는 이곳은 스케일업하기에 유리한 아이템인 데다, 소득수준이 올라가면서 건강을 챙기게 되는 외식시장의 흐름을 주도하기에 유리하다. 게다가 외국인이 많은 상하이 다운타운에서 이러한 흐름은 극대화되니 유리한 포지셔닝이다. 둥근 회전 테이블에 여러 요리들을 시켜 나눠 먹는 중식 정찬보다는, 좀 더 자유롭고 편안한 분위기에서 가벼운 음식을 즐기고 싶어 하는 젊은층의 니즈에 의해 상하이의 외식시장 역시 지각변동하는 중이다. 이러한 흐름을 경식 Light food이라는 단어로 정의할 수 있겠다.

펑크 앤 케일과 와가스 매장을 지나 오른쪽으로 들어가면 랙 Rac이라는 브런치 카페가 있다. 우후죽순 격으로 생겨난 다양한 브런치 경쟁자들로 인해 예전만큼 핫하진 않지만, 아직 죽지 않았다는 듯 휴일이면 사람들이 제법 많이 몰리는 매장이다. 인기의 비결은 자연스러움이 아닐까 싶다. 한때 브런치 씬에서 제대로 활약하던 브랜드로, 손님의 절반은 서양 사람들이다. 잘생긴 백

상하이의 브런치 매장에서는 어딜 가도 과하지 않은 자연스러움이 느껴진다.

인 바텐더가 커다란 와인 냉장고를 배경으로 서 있고, 그에 걸맞게 다양한 종류의 글라스 와인을 팔고 있다. 가볍게 와인 한잔 하기 좋은 구조다. 창밖을 보며 식사할 수도 있고, 테라스에 앉아서 식사를 할 수도 있다. 혼자 개를 데리고 나온 외국인, 모임을 갖는 외국인들, 또는 외국인이 현지인과 식사를 하기에도 다 어울리는 곳이다. 가벼우면서도 편안한 식사를 원하는 외국인들의 감성을 절묘하게 건드린 덕에, 그 감성에 동조한 왕홍들이 환호하면서 성공한 경우라 하겠다. 실제 밥을 먹는 동안 외국인들이 "I love this"라고 외치는 것도 종종 들을 수 있는데, 이러한 생동감은 상하이인들에게 확실한 신뢰를 준다.

미슐랭 셰프 폴 페렛의 Polux by paul pariet

상하이의 미슐랭 3스타이자 한 끼에 무려 120만 원을 지불해야 하는 파인 다이닝 레스토랑 울트라 바이올렛ULTRAVIOLET의 셰프 폴 페렛paul pariet이 신천지에 좀 더 캐주얼한 느낌의 프렌치 레스토랑을 오픈했다고 해서 꼭 가보고 싶었다.

신천지 메인에서 한 개의 건물을 다 쓸 정도로 스케일이 큰 곳으로, 하루종일 브런치 메뉴를 판매한다. 외국인이 운영하는, 외국인이 많은 레스토랑에서 로컬의 개념은 또 다른 감각적 요소

로 작용한다. 가령 맥주 이름도 '상하이 러브 에일shanghai love ale'
이 눈에 띄고, '챠오동후Tiao dong hu'라는 로컬의 이름을 딴 맥주
도 리스트에 올렸다. 음식은 맛이 또렷하다. 어정쩡하지 않고, 간
이 분명하다. 망설임 없이 단것은 달고, 신것은 시고, 짠것은 짜다.
입맛에 맞지 않는다면 마치 그것은 손님의 문제라는 셰프의 단호
함이 드러나는 듯한데 그러한 태도가 오히려 신뢰감을 준다. 대
신, 재료 본연의 맛은 분명하게 살아 있다.

처음 먹은 메뉴는 버섯 토스트였다. 토스트는 토스트대로, 버
섯은 버섯대로, 베이컨은 베이컨대로 각자의 맛을 내는데 그 와
중에 서로 조화롭다. 다음 메뉴는 깜짝 놀랄 만큼 강렬한 짠맛이
입안으로 들어왔다가 참치의 맛이, 계란의 맛이, 소스의 맛이 짠
맛을 공격한다. 짰다가 중화되었다가 다시 짰다가 중화되기를 반
복한다. 그렇게 강렬한 경험이 끝난 기분이다. 엄마의 계란媽媽鷄蛋
은 마마지단이라는 메뉴로, 영어로는 '미모사 마마'라 부른다. 휘
차이슈티아오, 성냥 감자튀김과 함께 나온 햄버거의 번 위에는 소
금이 뿌려져 있다. 셰프 특유의 취향은 요리마다 이어진다. 오리
콩피 역시 마찬가지다. 짭조름한 고기에 버섯을 조합하면 동파육
느낌의 홍소육을 연상케 하는 맛이 난다. 아무리 봐도 중식은 아
닌데 중식의 맛이 느껴진다.

미슐랭 셰프의 레스토랑이라는 사실만으로도 가보기를 권하고 싶지만, 유명세는 물론 맛마저 배신하지 않는다. 한 가지 팁은 프렌치토스트를 좋아하는 사람이라면 절대 이 식당을 그냥 지나쳐서는 안 된다는 것. 계란에 푹 젖지도 않은 빵이 이렇게 부드럽게 녹아드는 신기함이라니, 인생 프렌치토스트를 갱신할 기회다. 함께 나오는 아이스크림을 곁들이면 무한흡입이 가능할 것만 같다. 절묘하게 태운 겉면은 사진을 찍어도 감도 있게 나온다.

상하이엔 동서양이 혼합된 문화가 조성되고 있다. 서구열강이 구축해놓았던 예전 조계지에 관심을 갖고 모여드는 데서 시작된 것이다. 새로운 것을 적극적으로 받아들이는 상하이 사람들은 이방인의 문화를 바탕으로 자신들만의 문화를 발전시켜왔고, 지금도 진행 중이다. 대충 베끼고 따라 하는 게 아니라, 마치 맞춤옷을 입은 듯 딱 맞는 핏의 식당이 많았다. 공간과 음악, 음식과 서비스가 어느 하나 튀지 않게 연주되는 공연처럼. 그러다 보니 시장은 점점 커지고, 커진 시장은 제대로 된 선수들이 뛰어드는 무대가 되어간다. 이곳의 외식문화에는 동서양이 있고, 과거와 현재가 있다. 이것들을 잘 엮어나가면 볼 만한 미래가 되지 않을까.

_ 김일도

아트몰 K11과
로컬 장터 아티장 허브

백화점에 쇼핑하러 간다고 하면 "굳이 백화점까지 가시려고요?" 라는 소리를 들을지도 모르겠다. 물론 여전히 휴일이나 기념일이면 사람들로 붐비지만, 백화점의 분위기가 예전과 다른 것만은 분명하다. 온라인에서 조금만 수고를 들이면 얼마든지 같은 물건을 더 싸고 편리하게 구매할 수 있다. 온라인에서 제안하는 큐레이션 역시 오프라인의 그것에 뒤지지 않는다. 그렇다면 백화점을 비롯한 오프라인 쇼핑몰은 어떤 방식으로 살아남아야 할까?

상하이에 가면 사람들이 한 번은 들르는 곳이 신천지다. 서울의 청담동과 비슷한 위상의 동네로, 대형 명품숍과 유명 셰프의 이름을 내건 레스토랑과 갤러리, 여행객을 비롯한 상하이 부유층을 만족시킬 쇼핑몰들이 즐비하다. 사람들이 많이 모이는 곳일수록 경쟁은 치열한 법. 비슷비슷한 쇼핑몰들 사이에서 K11은 자기만의 컨셉으로 많은 중국 고객들을 사로잡고 있다.

K11이 내세우는 가치는 바로 '우리 안의 예술IN ART WE LIVE'이다. 홍콩에 기반을 둔 뉴월드 그룹의 수장 에이드리언 쳉이 기획하여 2013년에 오픈한 이곳은, 쇼핑 중심의 백화점이 아니라 세련된 라이프스타일 제품들을 큐레이션해서 판매하는 예술 중심의 복합 문화공간에 가깝다. 좀 더 정확하게 정의하자면 갤러리와 쇼핑몰을 결합한 '아트몰'의 컨셉이다. K11은 예술을 중심 테마로 사람들에게 방문해야 하는 이유를 만들어줌으로써 또 다른 리테일의 미래를 보여준다.

K11 정문에 가면 굳이 말하지 않아도 이곳의 정체성을 짐작할 수 있을 것이다. 멀리서 보면 평범한 백화점처럼 보이는 건물의 입구 앞에는 유명 건축가 I.M 페이가 루브르 박물관을 위해 지은 유리 피라미드를 연상시키는 돔이 보인다. 나무가 땅을 뚫고 나온 느낌을 구현한 유리 돔을 지나 에스컬레이터를 타고 내려갈 때부터, 쇼핑이 아닌 예술품을 보기 위해 갤러리로 들어가는 느낌을 받는다. 외벽에는 예술을 표방하는 쇼핑몰답게 나비 모양의 화려한 조형물 등이 장식되어 있다. K11에서는 늘 미술 전시가 열리는

갤러리 느낌이 나는 K11 입구.

쇼핑몰에서 보는 아트맵이라니, 독특하게 느껴진다.

데, 그 외에도 쇼핑몰 곳곳에 다양한 미술품을 배치하여 쇼핑하는 사람들에게 미술관에 온 느낌을 주고자 노력한다. 일반 백화점이 각 층마다 어떤 브랜드가 입점되어 있는지를 보여준다면, K11은 '아트맵 K11'을 통해 어떤 예술품을 전시해놓았는지와 어떤 경로를 통해 보면 좋은지를 소개한다. 신진 작가들을 발굴하여 다양한 브랜드와 콜라보레이션을 기획하고, 공간을 마련하여 그 결과물을 보여주는 데도 열심이다. 홍콩의 순금 주얼리 브랜드인 주대복Chow Tai Fook과 남아프리카 투어리즘 기관과 중국의 왕홍들을 연결한 콜라보레이션을 전시로 기획하기도 했다. 도시를 여행하다 보면 예술과 비즈니스의 결합이 여러 분야에서 다양한 방식으로 시도되고 있는데, '쇼핑몰 + 미술관'을 연상시키는 K11이야말로 꽤 자연스럽고 영리한 접근이라는 생각이 들었다.

식당 구성도 독특하다. 식당 옆에 텃밭을 만들어놓고 텃밭에서 키운 재료들로 요리한 음식을 내놓는다. 돼지 농장을 운영하거나 수족관을 식당 바로 옆에 설치해 해당 재료로 음식을 만드는 등 식당을 단순히 밥을 먹는 공간이 아닌 흥미로운 경험을 제공하는 곳으로 운영한다. 또한 전체 공간은 매 시즌 특별한 테마로 운영되는데, 이를테면 휴가철에는 각 층마다 여행 컨셉이 두드러지는 다양한 조형물을 설치하는 식이다. 겨울 시즌에는 눈이 잘 내리지 않는 상하이의 특성상 매장 내에 눈처럼 느껴지는 설치물을 두어 방문객에게 보는 즐거움을 선사하기도 했다.

예술과 비즈니스를 결합해 사람들을 모을 수 있을까?

K11 지하에는 더 노골적으로 아트몰이라는 정체성을 드러내는 장소들을 심어놓았다. 콜렉션Kollection이란 이름의 장소에서는 시 즌별로 다양한 아트 전시회를 열고, K11 아티스트 클럽을 통해, 전시회에 주기적으로 참여하는 아티스트의 커뮤니티를 만들기 위해 노력한다.

앞에서도 말했듯이 K11이 늘 강조하는 것이 바로 '우리 안의 예술In Art We Live'이다. 왜 K11은 예술에 대해 이야기하는 걸까? 2013년 한국경제 매거진과 함께한 에이드리안 쳉의 인터뷰에서 그는 K11을 중국 젊은 상류층이 모이는 커뮤니티 플랫폼으로 만 들 것이라 밝혔다. 온라인에서 물건을 더 싸고 편하게 살 수 있는 세상에서 오프라인 쇼핑몰이 살아남으려면 방문할 가치가 또렷 한 공간을 만들어야 하고, 그 공간에 꾸준하게 지속적으로 매출 을 일으킬 수 있는 사람들이 와야 한다고 본 것이다. K11에 매달 수백만 명이 방문하겠지만, 그보다는 1만 명 이상의 VIP 고객을 만드는 것이 더 중요하다는 견해다. 이들 VIP 고객은 상대적으

195
아트몰 K11과 로컬 장터 아티장 허브

로 가격에 덜 민감하므로, 이들에게 오프라인 공간에서만 느낄 수 있는 차별적인 가치를 준다면 자주 찾아와 기꺼이 지갑을 열 것이다.

결국 고객들이 문화와 예술이라는 공통된 관심을 갖고 서로 관계를 맺어나가며 K11이란 공간에서 만나 시간을 보내도록 하려는 것이 이들이 그려나가는 큰 그림이라 하겠다.

같은 이유로 국내에서 최대 매출을 만들어내는 신세계 강남에서 가장 공들여 운영하는 서비스가 바로 트리니티Trinity 클럽이다. 신세계 백화점은 매년 구매금액을 기준으로 최상위 999명만 선정, 트리니티 클럽에 들어올 수 있는 자격을 주고 특화된 프리미엄 서비스를 제공한다. 이들은 전용 라운지에서 친구들과 만남을 가질 수도 있고 프라이빗한 이벤트에 초청받기도 한다. 향후 백화점에 있는 아카데미 교육 프로그램을 통해 멤버들이 서로 네트워킹을 하며 커뮤니티를 형성할 수 있도록 프로그램을 업그레이드할 계획도 있다고 한다.

이 밖에도 신세계 강남점에는 연간 구매액 400만 원 이상의 멤버십 회원에게 무료로 커피를 제공하는 라운지들이 곳곳에 포진되어 있다. '물건은 안 사도 좋다. 편하게 친구와 공간을 구경하고,

커피를 마시고 싶으면 언제든 들르라'는 신세계의 메시지가 담긴 공간이다. 이 공간에서 커피를 마시는 사람들은 주로 멤버십을 큐알코드로 찍고 커피를 받아간다. 이 과정에서 누가 커피만 마시고 떠났는지, 혹은 커피를 마신 고객이 어떤 물건을 얼마나 샀는지 등이 고객 데이터로 남을 것이다. 신세계 역시 단순한 판매를 위한 공간 운영이 아니라, 고객들이 편하게 방문하고 즐길 수 있는 공간, 그리고 그 공간에서 일어나는 소비자들의 움직임을 끊임없이 데이터화하는 작업을 하고 있다.

중국 장인들이 만들어내는 세련된 로컬 장터

K11과 비슷한 이유로, 상하이에 위치한 번드 파이낸스 센터의 아티장 허브Artisan Hub에서도 상업시설의 미래를 볼 수 있었다. 파이낸스 센터라는 거대하고 세련된 건물 지하로 내려가면 나오는 이곳에는 랩Lab과 아트Art라는 단어를 복합적으로 사용한 상점이 즐비하다. 이런 곳에 이렇게 소박한(?) 상점들이라니. 최근 리테일 매장에서는 각 나라 장인들이 만드는 제품을 한데 모아 선보이는 시도가 늘고 있는데, 로컬의 특색 있는 문화를 경험하고 제품을 갖고 싶어 하는 고객들의 니즈 때문일 것이다. 상하이는 누가 뭐래도 쇼핑의 도시다. 대형 쇼핑몰과 글로벌 럭셔리 브랜드

들이 입점한 백화점들이 즐비하며, 하루종일 쇼핑과 맛집 투어를 하기에 적합하다. 그중에서도 중국 로컬 장인들과 함께 물건도 만들어보고, 그들의 문화가 담긴 물건을 구매하는 경험을 하고 싶다면, 아티장 허브에 가보길 권한다.

선라이즈 핸드크래프트Sunrise Handcraft라는 매장에서는 가죽 수공예 장인들이 직접 수선하고 리페어하는 모습을 보여준다. 의도적으로 아직 가공하지 않은 가죽들이 곳곳에 진열되어 있다. 도자기 등의 작품을 직접 만들어볼 수 있는 스튜디오도 있다. 돈을 내고 공예 장인들과 본인이 원하는 공예품을 함께 만들거나 장인들이 판매하는 제품을 구매할 수 있다.

매뉴얼 부티크Manuel Boutique라는 곳에서도 금형 분야의 장인들이 만든 제품을 전시 판매하는데, 역시 앤드루 랩Andrew Lab이라는 이름으로 전문 장인들이 운영하는 곳임을 강조한다. 장인들의 장터 외에 프리덤 오리지널 크리에이티브Freedom Original Creative라는 기조로 운영되는 공간들도 흥미롭다. 아트시Artsee라는 곳은 여러 아티스트의 작품을 전시하고 판매하는 곳이며, 닷랩Dot Lab은 전 세계에서 개성 넘치는 브랜드 제품들을 큐레이션해서 판매하는데 주로 아이디어가 번뜩이는 제품들이 많다. 이를테면 우리가 평소 가지고 다니는 텀블러나 물통은 다 동그랗고

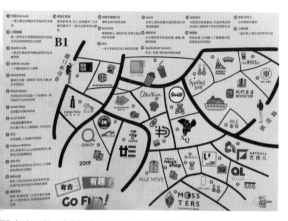

랩과 아트라는 컨셉을 파는 아티장 허브 매장들의 지도.

러 아티스트의 작품을 판매하는 아티장 허브 지하 매장.

두꺼운데, 이러한 모양이 가방의 모양새를 망가뜨리므로 납작한 물통 같은 제품을 판매한다.

북컵Boocup이라는 톡톡한 이름의 서점도 보인다. 책을 팔기보다 여러 전시품을 구경하다 쉬어갈 수 있는 느낌으로, 편집숍과 휴식공간에 가까운 요즘 서점의 변신을 잘 보여주는 곳이다. 중간에 엑스 플러스 큐X+Q Art와 같은 유명 아티스트의 작품을 판매하는 매장도 있다.

영화관 역시 아티장 허브와 잘 어울리는 아티스틱한 인테리어가 돋보이도록 구성되어 있다. 표를 사고 기다리는 사람들이 지루해하지 않도록 뉴트로 느낌의 옛날 오락기를 비치해두거나 스윙 댄스를 가르쳐주는 레슨이 이루어지기도 한다. 라쿤 레코드처럼 개성 있는 작은 LP와 액세서리를 파는 곳들도 보인다.

유명 관광지 중 하나인 정안사 맞은편의 릴 백화점에서도 식품이나 패션에 집중하는 기존 방식에서 탈피해 다양한 콘텐츠를 제공하는 데 비중을 두었다는 인상을 받았다. 백화점 4층에는 그림 그리는 카페나 도예를 체험하거나 구매하는 매장, 체험이 아니어도 현장에서 직접 제품을 만드는 공방을 입점시켰다. 백화점 5층에 있는 F&B 역시 고급 식당으로만 채웠을 거라는 짐작과 달리, 중국의 젊은 세대가 좋아하는 브랜드들이 눈에 띄었다. 그중에서

릴 백화점 역시 도예나 그림을 체험하는 매장들을 꽤 비중 있게 배치했다.

백화점의 시소 커피 매장, 이곳에서 자리잡고 일하는 손님들도 보였다.

도 로컬 브랜드인 시소커피seesaw coffe와 헤이티는 백화점 매장이 아니라고 느껴질 만큼, 상당한 공간을 점유하며 자기 스타일대로 인테리어를 해두었다. 백화점 5층의 야외 테라스에 나가면 길 건너 정안사와 상하이의 거리를 한눈에 내려다볼 수 있다. 쇼핑몰이나 백화점 특유의 답답한 느낌을 완전히 해소할 수 있는 멋진 공간이다.

누가 뭐래도 백화점은 변신 중이다. 국내에 2021년 2월 오픈한 더 현대 서울을 갔을 때도 비슷한 느낌을 받았다. 이제껏 백화점에서 볼 수 없었던, 성수동과 한남동에 포진한 '힙한' 편집숍과 F&B 브랜드들을 입점시킨 덕에 백화점을 즐겨 찾지 않는 사람들도 한 번씩 갈 만큼 화제가 되었다. 또한 K11과 동일한 이유로, 현대백화점은 서울에서 10년 만에 오픈한 이 백화점의 이름에서 '백화점'이란 단어 자체를 지워냈다. 더 현대 서울은 스스로가 백화점이 아니라고 선언하며, 전체 공간의 50% 가까이를 물건을 팔지 않는 고객경험의 공간으로 만들어 고객과 소통하고 있다.

디지털 시대에 오프라인 공간이 살아남으려면 무조건 판매용 매장을 늘릴 것이 아니라, 고객들이 해당 공간에 체류하는 시간을 늘리는 것이 더 중요할지 모른다. 신규 브랜드의 입점조건도 그에 맞게 변화할 것이다. 백화점은 이제 백화점이되 백화점 같지 않게 보여야 하는 숙제를 안고 있다. 그러려면 고객이 마음껏 먹고 마시며 즐기는 공간, 교류하며 친구를 사귀는 커뮤니티 플랫폼, 오감을 자극하는 다양한 체험이 기다리는 곳이 되어야 한다. K11과 아티장 허브는 그 미래의 모습을 가장 충실히 보여주고 있었다.

＿이승윤

아티스틱 상하이

이 : "K11을 보면서는 젠틀몬스터의 공간이 떠올랐어요. 최근 그들이 만든 공간 하우스 도산에 가보면 젠틀몬스터가 만든 브랜드가 다 들어 있어요. 젠틀몬스터 역시 창의적인 아티스트와의 협업, 예술의 아름다움을 기반으로 스토리텔링을 하죠. 거미로봇이 가진 액티브한 느낌을 선글라스의 역동성을 풀어내는 용도로 쓰거나, 디저트에 아름다운 패션이라는 컨셉을 입혀서 고객들에게 어필하는 방식이에요. K11에서도 그런 걸 느꼈습니다. 예술과 비즈니스가 결합하면 힘이 커질 수밖에 없어요. 가장 자연스러운 설득이죠."

김 : "네리 앤 후의 코뮨소셜도 디자인이라는 예술을 활용한 경우죠. 상하이의 브런치 레스토랑을 다니며 스몰 브랜드와 유사한 양상을 봤어요. 외국에서 온 유명 셰프의 권위에 힘을 준 레스토랑이 있는가 하면, 자기 이름을 걸고 플레이하는 곳들이 있었죠. 이를테면 와가스 같은 곳이요. 요즘 외식업은 셰프의 네임 밸류를 소비하거나 브랜드 메시지에 동참하는 유형으로 나뉘는 것 같아요. 다만 브랜드가 보여주는 한계점은 있어요. 계속 유니크하게 느껴지기란 힘들거든요. 개인적으로는 브랜드나 셰프의 밸류보다 시스템에 주안점을 두고 외식업을 해왔는데 앞으로 어떻게 해야 할지, 또 하나의 숙제를 안고 돌아왔습니다."

상하이에는 상하이다움이 존재할까?

외식업이라는 직업적 특성 때문인지 "여행 가면 주로 어떤 음식을 드세요?" 혹은 "이번 여행에서 가장 맛있었던 곳이 어디인가요?"라는 질문을 종종 듣는다. 사실 개인적으로는 여행을 다니면서 특별한 맛을 찾기보단 그곳 사람들이 무엇을 먹고, 무엇에 열광하는지 경험하는 것을 즐긴다. 상하이에서는 50~60대 중년의 현지인들이 시끌벅적하게 줄을 서 있는 곳에 꼭 가보는 편이다. 특별한 맛이 아닌 일상의 맛을 찾는 시간이다.

난징시루에서 조금 더 걷다 보면 샨시베이루가 교차되는 거리가 나온다. 난징시루에서 샨시베이루를 따라 걷다 보면 츠후이베이루라는 상하이 고유의 거주 지역이 나온다. 안쪽에는 사람들이 살고 있고, 바깥쪽엔 매장들이 있다. 점심시간쯤 되면 메이신디엔신이라는 가게에서 파는, 우리나라의 팥죽과 비슷한 느낌의 탕위엔을 먹어보길 추천한다. 다른 밀가루 음식으로는 여름에 파는 상하이렁미엔이 가장 유명하다.

메이신디엔신과 같은 건물에 위싱지미엔관裕興記面館이라는 국숫집이 있다. 점심에 제법 줄을 서는 로컬 맛집이다. 미처 메뉴판을 보지도 못한 채 줄을 서 기다리다 보면 어느 순간 카운터에 닿아 당황하는 구조다. 이 집의 시그니처 메뉴는 단연 게알 비빔면인데, 삶은 국수와 게알이 따로 트레이에 나오고 이를 취향에 맞게 비벼 먹으면 된다. 128위안으로 한 끼 국수 가격으로는 엄청나게 비싸지만, 맛객의 취향을 저격하기엔 나쁘지 않다. 아마도 리뷰를 남기는 대부분의 사람들은 이 음식을 시킨 사람들일 것이다. 하지만 매장을 둘러보면 이 시그니처 메뉴를 먹는 사람들은 많지 않다. 동네 사람들은 대개 저렴하고 평범한 국수를 먹는다.

상하이에서 잘되는 매장들의 특징은 이렇다. 아주 특별한 맛을 원하는 사람들을 타깃으로는 임팩트 있는 시그니처 메뉴를 내놓는다. 가격도 제법 세게 책정하고 기대치를 충족시킬 만큼 힘도 준다. 이른바 맛객들은 대개 멀리서 오기 때문에 어디서나 먹을 수 있을 법한 메뉴를 기대하지 않는다. "나 여기 왔어!"라고 할 만큼 근사한 메뉴를 내놓아야 한다. 그렇다고 매일 먹는 사람들을 위한 가성비 좋고 무난한 음식을 허투루 해서도 안 된다.

상하이의 국숫집은 맛객들과 동네 주민들의 마음을 모두 사는, 진정한 맛집이 되기 위해 두 마리 토끼를 잡는 방법을 택했다. 정확히 말하면 그런 밸런스를 학습하기에 좋은 메뉴구성으로, 대개 다음과 같다. '면'만 단독으로 주문 가능하다. 국물이 있는 또는 없는 국수를 주문한다. 이는 사람들을 모으는 강력한 가성비를 발휘할 수 있다. 그런 다음 토핑을 추가하는 구조인데 다진고기장이나 갈비를 얹을 수 있다. 채소는 따로 주문한다. 그렇게 단가를 고객이 조정할 수 있게끔 한다. 누군가에겐 극강의 가성비가, 또 누군가에겐 다양한 선택지가, 또 누군가에겐 가격에 상관없이 맛있는 식사를 제공할 수 있는 방식이다.

자신이 원하는 대로 조합해서 먹을 수 있는 국수처럼, 상하이는 변신의 폭이 넓은 도시다. 그만큼 경우의 수도 많다. 먹거리 문화만 보아도 우리에게 익숙한 사천요리, 광동요리를 비롯해 호북요리, 호남요리, 동북요리까지 다양하다. 각 지역의 사람들이 이미 많이 거주하기에 요리를 만들고 소비하는 데 아무런 문제가 없는 것이다. 양식은 말할 것도 없다. 애초 상하이 자체가 역사적인 뿌리가 깊지 않은 도시인 데다, 지리적 특성상 개방적인 상하이에

파고들었던 서양의 라이프스타일과 때마침 부각되는 로컬의 열풍으로 전국 각지의 문화에 대한 관심이 높고 그에 맞는 소비가 모두 이루어진다.

사람도, 물건도, 경쟁력도 들고 나는 도시

우리는 도시와 여행에 대해 이야기할 때 가장 먼저 "그곳은 뭐가 좋아요?"라고 묻는다. 이 질문에는 음식이 맛있냐는 뜻도 포함되어 있을 것이고, 경치가 좋은지 시스템이나 환경이 좋은지도, 때로는 물가에 대한 궁금증도 포함되어 있다.

"도쿄는 깔끔하고 음식이 맛있어요. 기차여행하기도 좋고요.", "서울은 다이내믹한 재미가 있죠. 서울처럼 밤 늦게까지 먹방투어 하면서 안전하게 놀 수 있는 도시도 드물 거예요."

대개 그 도시에 대한 인상은 비교적 일관적이다. 그에 비해 상하이는? 마치 상하이 국숫집에서 맛객들을 위해 내놓은 강력한 한 방 요리 같다가도, 동네 사람들이 부담 없이 드나들듯이 다정하고 평범한 요리 같다. 가령 화려함이라는 면에서는 동양의 유럽이나 아시아의 뉴욕을 떠올리다가도 골목길에서는 중국의 소박한 도시라는 사실을 새삼 실감한다. 시스템을 보면 굉장히 앞서가는 미래도시 같다가도 갑자기 오래전으로 시간여행을 시켜

주기도 한다. 뭐라 딱 잘라 정의하기 어려운 도시. 어쩌면 있을 것은 다 있고 없는 것은 없는 도시. 그것이 내가 느끼는 상하이다움이자, 상하이라는 도시에 가보길 추천하는 이유다. 이걸 알기까지 참 오래 걸렸다.

여행을 소재로 책을 쓰고 있지만, 정작 내가 비행기를 처음 탄 건 스무 살 때였다. 제주도 한 번을 안 가본 내가 처음 비행기를 타고 도착한 곳은 상하이였다. 고등학교 때 공부 안 하고 놀다가 대학 떨어지면 중국 가는 배에 태워서 보따리 장수 시킬 거라던 아빠의 농담 섞인 협박이 현실로 이루어진 것이다. 물론 공부를 못해서 배에 태운 건 아니었지만 원하는 대학에 못 간 아쉬움으로 이루어진 중국행이었으니 말이 씨가 되었다는 암담함이 들었다. 게다가 당시는 중국이 지금처럼 경제적으로 발전한 것도 아니었고 아무래도 중국 사람들의 매너나 문화에 상당한 이질감을 느끼던 시절이었다. 출발 전까지 친구들은 장기밀매를 조심하라며 꼭 살아서 돌아오라고 농담을 던졌고, 가끔씩 방학 때 한국에 돌아와 사람들을 만나면 장기밀매가 대화의 소재로 빠지지 않을 만큼 중국은 위험한 이미지의 나라였다.

약 20년 전의 일이다. 상하이에 도착해보니 사람들의 말이 반은 맞고 반은 틀렸음을 알았다. 그들의 목소리는 크고, 거리는 늘 어수선하고 지저분했으며 위생이라고는 기대하기 힘들었다. 타지 생활에 적응하기도 힘들었던 데다 서울보다 체계적이지 않은 시스템에 답답했다. 그러나 그 와중에도 상하이는 묘한 바이브가 느껴지는 도시였다. 야경으로 유명한 상하이의 와이탄에서 황푸강 건너편을 바라보면, 미래도시 느낌이 물씬 풍기는 빌딩숲과 글로벌 브랜드들의 대형 광고판이 강을 따라 늘어서 있었다. 공부에 지치거나 매너리즘에 빠질 때마다 그곳에 갔다. 그 시간은 뭐라 말하기 어려운 감정으로 치환되어 나름의 위로와 동기부여가 되었다.

상하이에 적응하면서 가장 먼저 눈에 들어온 것은 그들, 상하이 사람들의 자부심이었다. 뉴욕이라는 도시를 만드는 것이 뉴요커라면, 상하이를 지탱하는 것은 상하이런이라 해도 과언이 아니다. 우선 상하이 사람들은 외국인에 대한 거부감이 별로 없다. 어릴 적 노랑머리 외국인만 보면 엄마 뒤로 숨던 나는 어른이 된 후에도 외국인들이 영어로 길을 물어보면 괜히 긴장해서 말이 안나왔는데, 상하이 사람들은 영어를 할 수 있으면 영어로 답했고 그렇지 않으면 중국말로 당당하게 대답했다.

외국인과 무리 없이 어울리던 분위기는 알고 보면 상하이라는 도시의 지리적, 역사적인 배경과도 무관하지 않다. 아니, 깊숙한 연관이 있다. 한 번은 상하이의 황푸강에서 배를 타고 푸퉈샨이라는 섬에 갔는데 와이탄의 풍경을 끼고 강물을 따라 한참을 가다 보니 배가 흙탕물 위에 떠 있는 것처럼 보였다. 말로만 듣던 '황해'였다. 바다 위에 떠 있던 도시, '上海'라는 말을 눈으로 느낀 순간이었다. 이 바다를 따라 서구열강들의 배가 들어오고 다시 나가면서 상하이라는 대도시가 형성된 과정을 그려보았다. 서구 열강들은 육지에 자신의 깊숙한 흔적을 남겼다. 아편전쟁의 결과인 난징조약을 계기로 상하이에는 영국과 프랑스 등 서양 각국의 조계지가 만들어졌는데, 실제 와이탄에 있는 건물 대부분이 그때 지어진 건축물이라 사진을 찍다 보면 유럽에 온 듯한 기분이 들기도 한다.

주거지역에서도 그러한 모습이 종종 보인다. 상하이의 전통 건축양식인 스쿠먼은 석조와 목조가 합쳐진, 그러니까 동서양의 분위기가 결합된 베란다 딸린 연립주택 같은 모습이다. 프랑스 사람들의 문화가 고스란히 남은 조계지야 말할 것도 없다. 몹시 낡은 듯하지만 탄탄해보이는, 촌스러워 보이지만 유럽식으로 지어진 석조 건축물에 살고 있는 상하이의 노인들과 조계지에서 유럽의 라이프스타일을 즐기는 사람들. 이 오묘한 대비가 상하이라는 도

상하이에는 상하이다움이 존재할까?

스쿠먼이 모여서 만들어낸 상하이의 농탕, 골목이라는 뜻이다. 이제 사라져가는 모습이 될 수도 있다니 아쉽다.

시의 풍경이자 매력이다. 분명 같은 중국인데 베이징과 달리 외부와 결합해 독특한 문화를 만들어낸 상하이는 확실히 '들여다보는' 재미가 있다.

이렇게 말하면 상하이가 대단히 개방적인 도시처럼 느껴진다. 물론 맞다. 하지만 다른 한편으로는 외지인들에게 유독 차갑게 굴었다. 상하이인은 후위라는 그들 고유의 방언을 쓰고 외지인들은 표준어를 썼는데, 물건을 사거나 길을 물어볼 때 외지인이라는 느낌을 주면 무시당하는 경우가 많았다. 글로벌 도시에서 방언을 쓰다니 도무지 이해가 안 되었는데, 상하이로 무작정 짐을 싸들고 올라온 지방 사람들이 상하이 기차역에 노숙자처럼 앉아 있는 모습을 보면서 어렴풋이 짐작이 갔다. 전국 각지에서 상하이라는 대도시로 돈을 벌기 위해 몰려든 사람들과 많은 일자리를 나눠야 하고, 복지를 위한 세금도 부담해야 했고 범죄의 불안감도 짊어져야 했을 테니 상하이 사람들의 방어력이 높아졌을 수밖에. 유학 시절에 가끔씩 부스스한 차림으로 집 근처에서 음료를 사다가 외국인이 아닌 외지인으로 오해받아 무시당했던 경험 덕분에 그 서러움이 어떤 것인지 나는 조금 안다. 이제 와 생각해보면 '웃픈' 추억이다.

도시는 사람이 사는 곳이고 사람이 만드는 곳이기에 사람과 크게 다르지 않다. 상하이는 아픈 역사를 겪으면서도 다양성과 개방성을 잃지 않고 세계가 주목하는 글로벌 도시로 성장한 자부심으로 가득 찬 사람처럼 느껴졌다. 지금은 교육이 표준화되면서 그들만의 방언인 후위가 사라질 거라는 이야기도 나오지만, 이와 별개로 최고의 도시에 산다는 그들의 자부심은 좀처럼 사라지지 않을 것이다. 사람들이 자신이 사는 도시에 자부심을 느끼는 게 그 도시의 미래에 어느 정도 영향을 미칠지는 두고 볼 만한 포인트다.

물론 배타적인 속성이 비단 상하이만의 특징은 아니다. 싱바커, 마이땅라오, 크어코우크어르는 각각 스타벅스, 맥도날드, 코카콜라의 중국 이름이다. 가령 폭스바겐은 상하이따중(상하이대중)으로, 현대자동차는 베이징씨엔따이(북경현대)라 불렀는데 상하이대중은 상하이의 모든 택시를, 북경현대는 베이징의 모든 택시를 차지하게 되었다. 중국인들과 대화를 하면서 지금도 어려운 것이 할리우드 스타들의 이름이나 외국의 도시 이름을 부를 때다. 우리나라에서는 인사동에서 한글로 된 스타벅스 간판만 봐도 이색적이라 생각했는데, 그게 상하이에서는 너무도 당연한 것이었다. 중국이라는 빅마켓의 힘이었을까. 글로벌 브랜드들이 현지인의 마음에 잘 스며들기 위해 펼친 현지화 마케팅은 중국만의 독특한 스타일을 만드는 데 일조했다. 그 중심에 상하이가 있었다.

과거와 미래의 공존, 상하이다움

상하이에 살면서 중간중간 여행 가이드 일을 했다. 여행 코스는 대부분 정해져 있었다. 짝퉁시장에 들러서 쇼핑을 하고, 젊은이들의 거리인 화이하이루를 걷다가 임시정부청사를 거쳐 신천지에서 커피를 마신 후에 예원에 갔다가 인민광장, 난징루를 거쳐 와이탄의 야경을 감상하는 순이었다. 이건 나만의 코스가 아니라 거의 공식과도 같았다. 차별화를 한다면 여행 시간대를 잘 고르는 정도랄까. 낮에 봐야 할 곳과 해 질 녘에 봐야 할 곳, 그리고 야경이 제대로 빛을 받을 때를 구분하는 것이 중요하다고 보았다. 화려한 빌딩숲, 미래도시 같은 이미지를 보여주고 싶었다.

하지만 가족들이나 친한 친구에게는 조금 달랐다. 같은 코스를 다니면서도 그 이면에 있는 모습들을 보여주었다. 관광지에서 두 블럭만 골목으로 들어가면 사람들이 사는 진짜 모습이 있었다. 작은 골목에는 외제차보다 자전거와 오토바이들이 밀도 있게 지나다녔고, 새로 지은 근사한 빌딩이 아닌 낮고 낡은 빌라촌에 사는 사람들이 시장과 길가를 근거지로 삼았다. 창문 밖으로 걸어 놓은 이불과 빨래들 사이로 고기를 말리는 모습도 인상적이었고, 주름진 노인과 아이가 화로에 앉아 고구마를 파는 모습은 내가 본 상하이의 매력이었다. 그때는 그게 상하이다움이라고 생각했다. 옛것이 더 상하이스럽다고 믿었다.

상하이라는 도시를 깊게 탐색하기 위해 찾은 이번 여행에서는 조금 생각이 달라졌다. 거리의 양꼬치 트럭에도 큐알코드가 붙어 있었고 '코카콜라'라는 간단한 영어조차 알아듣지 못하는 가게에서도 알리페이는 무리 없이 통했다. 모바일을 기반으로 한 IT 도시의 일사불란한 시스템과, 도시재생으로 탄생한 규모를 논할 수 없는 대형 몰들과 이색적인 공간, 예술공간들이 들어서면서 도시의 분위기가 달라졌다. 조계지는 한층 더 유럽 느낌이 났고 레스토랑은 한층 더 스타일리시해졌으며 우리나라의 MZ세대에 비견하는 주링허우가 만들어가는 라이프스타일은 핫한 트렌드 자체였다.

그러나 여행 도중 내 시선을 잡아끈 것은 정작 상하이의 길에서 만날 수 있는 소박한 풍경이었다. 바람이 유독 차던 날 호떡 비슷한 중국의 전통음식을 먹겠다고 오랜 시간 줄을 서고, 같은 날 저녁 젊은 친구들이 가는 훠궈집에서 줄을 서면서, 또 다시 동네 국수가게 앞에서 줄을 서면서 진정한 상하이다움에 대해 다시 생각했다. 이 모든 것이 공존하는 것이 바로 '상하이다움'이 아닐까 하는 생각이었다. 중국 사람들이 상하이를 '중국 속의 또 다른 중국'이라고 말하는 이유를 이제야 알 듯했다. 플랫폼처럼 모

헤이티 앞에서도 줄을 서지만, 호떡집 앞에서도 긴 줄을 서는 곳이 상하이다.

든 것을 수용하는 도시, 받아들일 것은 받아들이면서도 자기만의 풍경을 놓치지 않는 상하이의 매력과 대비가 바로 상하이다움일 것이다.

_ 김일도

상하이에서 만난 스타벅스와
이니스프리와 무지의 다움

여행지에서는 가급적 새로운 것을 시도하는 편이다. 안 가본 곳에 가보는 것, 안 먹던 것을 먹어보는 것, 독특한 컨셉의 공간을 탐방하는 것 모두가 소소한 경험이자 시도다. 원래 호기심이 많은 성향이기도 하거니와 마케팅 교수라는 직업 때문에라도 일부러 생경한 경험에 스스로를 밀어넣는 편이다.

그럼에도 어느 도시를 가든 빼놓지 않고 가보는 브랜드가 있는데, 그중 하나가 스타벅스다. 로컬 커피숍에 갈 수도 있지만 스타벅스는 어느 매장을 가든 평균 이상의 커피를 마실 수 있고, 전혀 다른 환경에서도 일관된 경험을 주기 때문이다. 낯선 여행지에서 만난 스타벅스에서는 우리 동네, 조금 과장을 덧붙이자면 우리

집에 온 듯한 편안함이 느껴진다. 하지만 상하이에서 만난 스타벅스는 조금 달랐다. 세계 최대 규모라는 상하이의 스타벅스 리저브 로스터리를 보면서 오랜만에 스타벅스라는 커피 회사의 미래가 궁금해졌다. '대체 이 브랜드는 어디까지 진화할까?' 하는 기대 섞인 마음이었다.

알다시피 전 세계 커피시장은 포화 상태다. 2017년 나이스비즈맵의 상권분석 서비스 통계에 의하면, 하루에 오픈하는 커피 전문점이 수십 곳이 넘지만 안타깝게도 대부분 2년 내에 문을 닫는다. 유일하게 지속적으로 성장하는 것이 스페셜티 커피라 불리는 고급 커피 시장이다. 이러한 상황에서 대형 커피 브랜드들이 스페셜티 시장에 뛰어드는 것은 당연하고, 스타벅스 역시 원산지별 커피와 고급 원두를 판매하는 리저브 매장을 선보이는 전략으로 대응해왔다.

그중에서도 2017년 12월에 문을 연 상하이 스타벅스 리저브 로스터리는 어느 매장보다 상징적이다. 일단 상하이는 글로벌 브랜드들이 자신의 가능성을 타진하기 위해 모여드는 도시이며, 밀라노와 도쿄의 스타벅스 리저브 로스터리처럼 한 도시의 랜드마크가 될 가능성이 높기 때문이다. 일단 세계 최대 규모의 매장이라는 소식을 들었을 때부터 어떤 공간을 만들었을지 너무 궁금하기도 했고, 꼭 커피가 아니어도 스타벅스의 브랜딩 자체만으로 보고 배울 점이 많을 거라는 기대를 안고 상하이 여행의 주요 목적지로 정했다. 이 책의 원고를 쓰던 2019년 12월, 시카고 스타벅스 리저브 로스터리 매장이 세계 최대 규모의 스타벅스 자리를 대신했다. 동양권에서는 여전히 상하이 매장이 가장 규모가 크다.

또 하나의 놀이공원, 스타벅스 리저브 로스터리 상하이

일단 규모에서 압도적이다. 약 3만평방피트(2700평방미터)의 크기인 이 매장은 수치로는 가늠이 안 되겠지만 일반 스타벅스 매장의 300배 크기로 축구장 절반 정도의 사이즈다. 규모가 어마어마한 만큼 우리가 놀이공원에 갈 때 관리자들이 지도를 나누어주듯이 들어가는 입구에 이 스타벅스 매장의 주요 스팟을 설명하는 지도가 있다. 모바일로 큐알코드를 읽으면 이 스팟의 정보를 핸드폰으로도 볼 수 있다.

매장에 발을 들이자마자 받은 첫인상은 마치 커피를 컨셉으로 하는 복합공간에 놀러간 느낌이랄까. 먼저 끊임없이 원두를 가공하고 있는 엄청난 크기의 로스팅 기계가 눈에 들어온다. 사람들이 일단 한 컷 찍고 보는 포토존이기도 하다.

중국인들이 좋아하는 황금색에 중국문자를 새긴 이 아름답고

상하이 스타벅스 리저브 로스터리를 상징하는 로스팅 기계.

스타벅스가 보내는 친근한 멘트가 나오는 게시판.

2층 바에서는 다양한 칵테일과 음료를 즐길 수 있다.

우아한 로스팅 기계는 스타벅스라는 무대의 주인공을 맡아 관객들의 오감을 자극하며 즐거운 경험을 제공한다. 시시각각 돌아가는 패널 게시판을 통해 말을 건네기도 한다. '상하이 스타벅스 리저브 로스터리에 온 걸 환영해Welcome to Starbucks Reserve Roastery Shanghai' 혹은 '우리 즐거운 매직카펫라이딩을 즐겨보자A magic Carpet Ride' 같은 것들이다. 이 멘트는 시간대별로 다르게 변하는데 이 작은 요소 하나가 스타벅스라는 공간 자체를 친구처럼 느끼게 한다.

1층에서 로스팅한 원두는 매장 천장으로 길게 이어진 투명한 통을 통해 이동된다. 이제 막 볶은 신선한 원두를 고객의 커피잔 앞으로 고스란히 서빙하고 있다는 것을 강조하는 장치다. 방문객들은 이 로스팅 기계를 중심으로 놀이동산이나 커피를 즐기는 관객이 되어 커피 향을 맡고 커피 볶는 소리를 들으며, 게시판을 통해서는 오늘 무슨 원두를 쓰고 있는지를 알게 된다. 매장 곳곳에서는, 좀처럼 현금을 쓰지 않는 중국 사람들을 위해 계산 코너 외에 모바일을 통해 주문을 받거나 계산하는 기기를 지니고 다니는 직원들을 볼 수 있다. 워낙 인기가 많거나 규모가 큰 리테일 매장에 가면 계산을 기다리다 지치는 경우가 많은데, 이곳은 음료를 편하게 마시고 즐길 수 있도록 해주어서 흡족했다. 고객에 대한 배려가 우선이었겠지만 워낙 대규모인 만큼 거기서 발생하는 리스크를 줄이려는 전략적 시스템이었을 것이다.

1층의 중심이 단연코 커피라면, 2층은 커피 외에 다양한 마실거리를 팔고자 하는 스타벅스의 포트폴리오 변화를 느끼도록 구성되어 있다. 멋진 칵테일 바에서는 칵테일을 만들어 먹거나 다양한 맥주를 마실 수 있다. 동시에 차를 좋아하는 중국문화에 맞게 다양한 차들을 직접 시음해보거나 향을 맡을 수 있도록 해두었다. 여러 음식과 음료와 커피를 즐기고 나오는 시점에는 다양한 굿즈들을 판매한다. 머그나 텀블러처럼 일반 스타벅스 매장에서 판매하는 제품들이 아닌, 옷이나 가죽공예 제품, 다이어리 등 이 매장에서만 살 수 있는 기념품이 여행자들의 발길을 잡아끈다.

개인적으로 상하이 스타벅스 리저브 로스터리를 보기 전까지는 '상하이와 스타벅스가 잘 어울릴까?', '엄청난 크기로만 승부하는 건 아닐까?' 하는 의구심이 살짝 들기도 했다. 규모와 상관없이 커피업계의 실력자들이 워낙 많은 요즘이라 스타벅스가 계속 존재감을 이어갈 수 있을까 싶었는데, 실제 가보니 F&B의 정점에 있는 브랜드가 그리는 이상적인 공간을 본 기분이랄까. 해외에 진출하려는 브랜드들이 레퍼런스로 삼을 만한 고객경험을 설계한 스타벅스의 잠재력을 보며, 코로나19가 잠잠해진 후 다른 도시에서 펼쳐질 그들의 활약이 더욱더 기대되었다.

당신은 지금 상하이가 아니라 제주에 있습니다

스타벅스를 방문한 후 상하이에서 다른 브랜드들이 어떻게 공간을 설계하고 있는지 좀 더 보고 싶어졌다. 개인적으로《공간은 경험이다》를 쓰기 전부터 다양한 공간을 다니면서 각각의 장단점과 기획의도를 기록해왔는데, 가장 뿌듯하면서도 재미있을 때는 예상하지 못했던 곳에서 와우 포인트를 만나거나, 어떻게든 현지화된 차별화 전략을 만들어내려는 브랜드의 노력을 발견하는 순간이다.

스타벅스 리저브 로스터리에서는 짜임새 있는 규모가 와우 포인트였다면, 상하이의 이니스프리는 자신의 브랜드 정체성을 보여주는 방식이 인상적이었다. 난징동루의 정중앙에는 아모레퍼시픽이 만든 이니스프리 플래그십 스토어가 하나의 이정표처럼 존재감을 드러내며 자리하고 있다. '어, 여기가 명동인가?' 싶게끔 한눈에 들어온다.

1층 그린 코스메틱Green Cosmetic 매장에 들어가면 이니스프리가 판매하는 다양한 제품들이 자연주의 컨셉에 맞게 비치되어 있다. 해당 제품을 마음껏 써보도록 장려하는 형태다. 2층에는 화장품보다 이니스프리의 자연주의를 맛볼 수 있는 음료와 디저트를 파는 카페가 있다. 난징동루를 내려다보며 사람 구경을 하기에 딱 좋아 보인다.

상하이 이니스프리 매장의 백미는 바로 3층에 위치한 그린 라운지Green Lounge다. 브랜딩을 하는 사람들에게는 잘 알려진 사실이지만, 이니스프리는 우리나라 최초로 자연주의라는 컨셉을 기반으로 한 화장품이다. 문제는 네이처리퍼블릭을 포함한 다수의 후발주자들이 동일한 컨셉의 제품을 내놓았다는 것이다. 화장품뿐 아니라 다른 업계에서도 자연주의라는 흐름은 지배적이었기에 무언가 좀 더 뾰족한 컨셉이 필요했던 이니스프리는, '한국의 자연' 하면 가장 먼저 떠오르는 이미지가 무엇인지 조사한 결과 제주도가 그 답이라는 것을 알아냈다. 그러고는 컨셉을 '제주에서 온 화장품'으로 바꾼다. 자연주의 컨셉은 그대로 지켜내면서 '제주도'라는 더 명확한 이미지로 차별화를 이룬 것이다.

코로나19가 터지기 전 제주를 가장 많이 찾은 여행객을 꼽으라면 아무래도 중국 사람들이다. 이니스프리는 상하이에서도 '제주만의 감수성'과 자신들의 핵심 컨셉인 '자연주의 화장품'을 잘 연결해서 어필하고자 했다. 이니스프리의 3층 그린 라운지에 들어가면 우선 새들이 지저귀는 소리와 물 흐르는 소리가 들려와,

난징동루의 이니스프리에는
'제주다움'을 오롯이 느낄 수
있는 그린 라운지가 있다. 이
는 브랜드의 자연주의 컨셉
을 자연스럽게 보여준다.

순식간에 혼잡한 난징동루를 떠나 고즈넉한 제주도 청정지역의 어딘가에 안착한 느낌을 준다. 자연주의가 아닌 자연 그 자체다. 라운지 한 켠에는 글램핑 스타일의 좌석을 만들어두기도 했는데, 사람들에게 꽤 인기였다.

이 공간은 자연주의 분위기 조성 외에도, 제주도에 대한 체험이나 추억을 회상할 기회를 알뜰히 제공하고 있다. 벽에 붙인 제주도 지도 위에 다양한 고무줄을 달아놓고 자신의 이름 혹은 사랑하는 이에게 전달하고픈 메시지를 붙이도록 해두었는데, 왜 굳이 고무줄을 썼는지 궁금해서 설명을 읽어보니 제주 감귤 껍질로 만든 것이라 나와 있었다. 단순한 고무줄이 아니라 제주에서 나는 다채로운 토속 재료를 재활용해 만든 것으로, 이니스프리가 주창하는 자연주의 컨셉을 전달하는 용도다. 그 옆에는 제주 특산품인 감귤을 재활용한 박스로 다양한 물건들을 만들어볼 수 있도록 했다. IT 친화적인 상하이 리테일 매장의 특성에 맞게 제주도의 실제 모습을 VR^{Virtual Reality}로 체험할 수 있도록 구성한 공간도 눈에 띈다.

상하이는 중국의 대표 도시인 데다 여행객도 많아 브랜드 입장에서 워낙 탐나는 시장인 것은 분명하다. 하지만 중국에서의 마케팅이 결코 쉽지만은 않다. 눈이 높아진 중국 소비자들의 까다로운 기준을 만족시켜야 하고 차별화와 현지화라는 과제를 동시에 충족해야 한다. 상하이의 브랜드 매장들을 보면서 우리가 중국이라는 고객을 대상으로 어떻게 마케팅해야 하는지 다시 한 번생각해볼 기회를 얻었다. 스타벅스에서도 그랬지만 어쩌면 우리가 넘어야 하는 것은 '중국'이라는 거대한 고정관념이 아닐까. 중국의 무지 매장에서도 비슷한 레슨을 얻었다.

중국의 심플 라이프와 무지의 라이프

"무조건 빨간색이 들어가야 하나요?"

중국을 대상으로 마케팅하는 사람들이 주로 하는 이야기가있다.

"일단 화려해야 해요. 그리고 중국 사람들, 빨간색 좋아하는 거알죠?"

한마디로 중국 소비자의 마음을 사로잡으려면 빨간색과 노란색을 혼합한, 화려한 공간을 만들거나 그런 웹 사이트를 만들어야 한다는 것이다. 그런데 정말일까?

붉은색에 대한 중국 사람들의 사랑이 못 말릴 정도인 건 사실이다. 붉을 홍紅에 대한 그들의 사랑은 역사가 길다. 옛 중국 문헌을 보면 중국 사람들이 꼽는 대표 미인은 삼홍三紅, 즉 앵두처럼 붉은 입술, 발그레한 볼, 분홍빛 손톱을 가져야 한다고 나와 있다. 또한 세뱃돈이나 상여금을 줄 때에도 홍바오紅包라 불리는 붉은색 종이봉투에 '복福', '길吉', '재財' 등의 길한 글자를 써서 넣는다. 그만큼 중국 사람들에게 붉은색은 아름다움을 뜻하는 색이자 부의 상징이며, 귀신과 같은 나쁜 기운을 물리치는 부적 같은 색이다. 이러한 이유로 중국 사람들에게 사랑받으려면, 붉은색과 노란색을 섞어서 화려하게 만들어야 한다는 것이다. 틀린 이야기는 아니다.

하지만 중국을 대표하는 도시 상하이의 여러 공간에 가보니 현대에도 과연 그럴까, 하는 의문이 들었다. 지금 상하이에서 가장 많은 사랑을 받는 외국 브랜드들 중 대표적인 것이 애플과 무지다. 이 두 브랜드가 내세우는 핵심 가치는 'Less is More'이다. 한마디로 간결하고 가벼운 디자인을 추구한다.

이 두 브랜드가 운영하는 공간에 가보면 군더더기가 없다. 당연히 상하이에 오픈했다고 해서 붉은색을 강조하거나 중국풍이 느껴지지도 않는다. 물론 상하이는 거대한 중국에 존재하는 하나의 도시일 뿐이지만, 다채로운 취향을 가진 사람들의 도시고, 이제 우리가 알고 있는 화려함을 추구하는 취향이 더 이상 중국 전체를 나타내는 게 아닐 수 있다는 것이다.

또한 중국은 매력적인 시장이지만 그만큼 불확실한 시장이다. 때로는 경제적인 이슈를 떠나 특정한 변수로 사업이 영향을 받기도 한다. 2018년, 롯데쇼핑이 베이징에서 20개 이상의 마트와 슈퍼마켓을 중국 유통기업 우마트物美에 매각한 것이 대표적인 사례다. 당시 한중 관계는 '사드' 배치 이슈 때문에 최악으로 치닫고 있었고, 급기야 한국산 제품에 대한 불매운동 여파로 롯데는 사실상 중국에서 철수했다.

한국 기업만 이런 일을 겪는 것은 아니다. 중국 사람들의 뿌리 깊은 반일 감정 역시 유명한데, 흥미로운 사실은 그럼에도 중국에서 매년 승승장구하는 일본 브랜드가 있다는 것이다. 바로 의류와 가구, 각종 생활용품을 판매하는 라이프스타일 브랜드 무지다. 2008년만 해도 중국 본토에 단 하나의 무지 스토어가 있었는데, 2017년에는 200개 이상으로 늘어났다. 중국에서 올리는 매출도 엄청나다. 2009년 160억 원 정도였던 매출이, 10년이 채 안 된 2017년에는 약 6700억 원으로 40배 넘게 성장했다. 무지가 진출한 나라들 가운데 중국은 압도적인 매출 1위를 차지하고 있으며, 이는 2위 대만부터 10위까지 다른 나라에서 일어나는 무지의 매출을 합친 것보다 높다. 대부분의 전문가들은 이러한 인기를, 대체할 수 없는 무지의 독특한 정체성 덕분이라 분석한다.

무지는 상품을 간소화해서 꼭 필요한 것만 넣는다는 기업 철학을 가지고 있다. 무인양품이라는 뜻 자체가 '상표가 없는 좋은 물건'이란 의미다. 불필요한 소비를 부추기는 브랜드라는 속성을 줄이고 제품과 브랜드의 존재이유만 이야기한다. 무지라는 브랜드는 '인간이 어떻게 살아야 하는가'라는 질문에 좋은 대답을 제안하고자 노력한다. 이처럼 인간의 삶 전반에 대해 풀어가다 보니, 선택과 집중을 통해 전략 상품군을 만들기보다 우리의 라이프스타일을 전부 담아내는 다양한 제품을 만든다. 자칫하면 너무 방만한 느낌을 줄 수 있기에, 무지는 전략적으로 자신의 공간을 통한 경험 마케팅Experience Marketing에 힘을 쏟는다. 매장에 방문한 사람들에게 화려한 미사여구와 카피로 제품을 판매하기보다, 고객들이 무지 라이프를 자연스럽게 느끼도록 하는 것이다. 2015년 무지는 상하이 쇼핑의 중심지인 화이하이중루에 가장 큰 무지 스토어를 열었는데, 심플의 끝판왕인 무지가 상하이에서는 어떤 마케팅을 펼칠지 호기심이 일었다.

역시 무지는 상하이에서도 다르지 않았다. 총 3층으로 이루어진 매장은 '의(옷)', '식(음식)', '행(행동)', '육(활동)', '락(즐거움)'이라는 라이프스타일 테마를 중심으로 구성되어 있다. 한국 매장들에 비해 무지가 전달하고자 하는 라이프스타일과 관련된 경험을 총

체적으로 즐길 수 있는 느낌이었다.

1층에 들어가자마자 자연스럽게 매장 내에 향을 퍼뜨리는 아로마 라보^{Aroma Labo}가 느껴진다. 다양한 형태의 향을 골라 구매할 수 있는 일종의 아로마 공방이다. 2층의 '무지 유어셀프^{Muji Yourself}'라는 세션은 자신이 원하는 패턴이나 컬러를 프린트해 자수 스티커 형태로 만들어서, 무지가 판매하는 제품에 직접 꾸밀 수 있도록 해두었다. 자신이 원하는 스타일의 무지 제품을 만들 수 있는 것이다. 한편으로는 인테리어 전문가의 조언을 통해, 무지의 제품들 중에서 자기 집에 어울리는 가구나 인테리어 소품들을 고를 수 있도록 해두었다.

3층의 '오픈 무지^{Open Muji}'에서는 고객들이 편하게 책을 읽거나, 비치된 다양한 장난감을 가지고 놀거나, 무지가 제공하는 여러 강연들을 들을 수 있다. 서울 강남의 무지 매장에서도 눈에 띄는 '파운드 무지^{Found Muji}'는, 무지가 각 나라 고유의 특성에 맞는 제품들을 개발하고 판매하는 세션이다. 중국 고유의 문화가 드러나는 제품이나 중국 장인들이 만든 제품을 무지 스타일로 재해석해서 소개하는 기획이라 하겠다. 이렇게 정신 없이 3층까지 돌아보다 쉬고 싶을 때는 '무지 다이너^{Muji Diner}'에 가서 무지가 취급하는 다양한 식재료로 만든 음식을 먹을 수 있다. 무지의 컨셉을 잘 전달할 수 있는 단순한 조리법으로, 가급적 재료 본연의 맛을 살린 음식을 판매한다.

나는 무지 매장을 갈 때마다 특정 제품보다 무지가 이야기하고자 하는, 그들이 생각하는 무지 라이프가 무엇인지를 자연스럽게 느끼게 된다. 이 과정에서 '아, 나도 이렇게 살아보고 싶다'라고 느낀다면 그것이 바로 무지가 원하는 것일 테다. 화려하진 않지만, 중국 사람들에게 자신의 정체성을 오롯이 전달하여 사랑받는 브랜드가 궁금하다면? 무지를 참고해도 좋다.

중국에서 최근 유행하는 키워드로 '불계청년佛系青年'이라는 말이 있다. 하루가 다르게 변해가는 치열한 도시생활에서, 부처와 같이 평화롭고 단순하고 검소한 생활방식을 추구하는 중국의 청년 세대를 일컫는 신조어다. 너무도 빠르게 발전하는 중국 경제, 그만큼 치열한 경쟁의 압박에 시달리던 청년들은 내면에 충실한 느리고 단순한 삶의 방식에 눈을 돌리기 시작했다. 무지가 중국 상하이의 젊은 소비자들로부터 사랑받는 것도 결코 이러한 흐름과 무관하지 않다.

중국만의 스타일로 심플 라이프를 풀어내 사랑받는 브랜드도 늘어나고 있다. 그중 무지 스타일을 복제하지 않고 자기만의 방식으로 천천히 고객의 사랑을 쌓아온 브랜드가 바로 친CH'IN이다.

2001년 시작된 이 브랜드는 무지처럼 느리고 단순한 삶이라는 메시지를 추구하면서도 중국 스타일을 담아내려는 노력도 게을리하지 않는다. 중국 로컬 장인들과 협업해 만든 다기와 화병들을 소개하고, 중국 각지에서 까다롭게 선별한 중국 사람들의 생활이 잘 스며든 제품들을 그들의 관점으로 해석해 판매한다.

친처럼 규모 있는 브랜드가 아니어도 상하이에서 만난 스몰 브랜드나 거리의 작은 가게들도, 우리가 흔히 말하는 '중국스럽지 않은' 분위기의 매장들이 더 많았다. 오히려 도쿄의 골목에서 마주친 작은 가게들과 결이 비슷해 보이는 곳들도 적지 않았다. 상하이스럽다는 것과 중국스럽다는 것의 차이도 존재하겠지만 말이다. 상하이에서 스타벅스와 이니스프리, 무지라는 세 브랜드의 공간을 경험하면서 자기만의 뾰족한 브랜드 컨셉, 즉 자기다움을 일관성 있게 밀고 나간다면, 까다로운 중국시장도 결코 넘지 못할 벽이 아니라는 것을 다시금 실감할 수 있었다.

_이승윤

상하이다움

김 : "요즘에는 모든 비즈니스가 플랫폼이 되어야 한다고 하잖아요. 제가 생각하는 상하이야말로 플랫폼 같은 도시예요. 모든 것을 일단 다 수용하죠. 그중에서 취할 것은 취하고, 버릴 것은 버리는 전략을 가져가요. 그래서 이 도시가 빨리 발전한 것일 수도 있겠고요. 플랫폼을 사람에 비유하자면 포용성 높고 영리한 사람이잖아요. 그게 제가 생각하는 상하이다움입니다."

이 : "우리가 자기다움에 대해 많이 이야기하는데, 자기다움은 만들었다고 끝이 아니잖아요. 자기다움을 끝까지 끌고 가는 것이 진정한 자기다움이죠. 상하이의 스타벅스와 무지와 이니스프리에서 주의 깊게 본 것도 이것이에요. 무지가 표방하는 심플 라이프나 이니스프리가 표방하는 제주 컨셉은 분명 매력적인 자기다움이지만, 끌고 가는 힘이 더 놀라웠어요. 자기다움은 너희도 분명 '우리다운 것'을 좋아할 거라는 자신감이 빚어낸 결과물이라 생각합니다."

도시가 주는 자극을 찾아서

일도씨패밀리에는 강원도에서 상경한 직원이 있다. 지금 생각해보면 너무 미안하지만 처음에는 그가 조금 촌스러워 보였다. 그런데 그 직원이 언제부턴가 멋을 내기 시작하더니 서비스도 제법 세련되게 바뀌고, 결국 손님들에게 인기 많은 매니저가 되어 있었다. 내가 눈여겨본 포인트는 다른 직원들에 비해 업무 만족도가 높다는 거였다. 어느 날 그 이유가 궁금해 물어보니, "그래도 서울에서 일하잖아요!"라는 예상치 못한 답변을 내놓았다. 늘 서울에서 살던 나는 전혀 생각지 못했던 반면, 이 직원에게는 그래도 서울에서 일한다는 자부심이 있었던 것이다. 쉬는 날이면 부지런히 핫플레이스를 찾아다니고 서울에서만 할 수 있는 '소비'를 하며 서울 라이프를 즐기다 보니 자연스럽게 삶의 만족도가 높아졌다고 했다.

그 이야기를 듣고 나니 나의 '지긋지긋했던' 상하이 라이프가 떠올랐다. 그때는 타지에서 공부한다는 게 전혀 달갑지 않았다. 돌이켜보니 너무도 귀한 순간들, 그 자극을 지긋지긋하다고 여긴 내가 조금 부끄러웠다.

큰 것이 반드시 좋은 것은 아니지만 살아가면서 대도시가 주는 자극을 무시하기란 힘들다. 자연스럽게 접하게 되는 다양한 삶과 정보들, 우리와는 또 다른 라이프스타일을 경험하며 알게 모르게 촘촘해지는 '기준'과 비즈니스 감각도 그런 자극 중 하나다. 그때는 몰랐지만 당시 상하이에서 받은 자극과 영감이 축적되어 지금 내가 하는 외식업에도 소중한 자양분이 되고 있다.

처음에는 이 책을 어떤 방식으로 풀어가야 할지 고민이 적지 않았다. 상하이에서 가이드하던 기억을 끄집어내 맛깔나게 기록해볼까 싶다가 웬만한 여행책에도 못 미치는 느낌이 들었고, 빠르게 변화하는 도시인지라 기록에 있던 브랜드가 사라져서 당황하기도 했다. 처음에는 기록을 토대로 글을 쓰다 점점 기억을 토대로 글이 쓰여졌다. 대신 대도시 상하이에서 받은 자극을 전하고 싶었다. 그래서 특정 식당이나 공간에 꼭 가봐야 한다는 이야기를 쓰기보다, 그에 대한 정보를 담기보다(물론 담긴 했지만), 여행에서 내가 받은 자극을 진정성 있게 전하려 노력했다. 어디를 가야 할지는 인터넷 검색만 해봐도 정보가 차고 넘치지만 내가 느낀 '자극'은 이 책에서만 볼 수 있을 테니까.

생각처럼 쉽지만은 않았다. 책을 쓰는 내내 글쓰기에 도전하는 기분이었다. 그 도전을 텍스트로 공유하기까지 출판사와 많은 고민을 거듭했다. 기록을 남기는 것과 기록에 생각을 얹는 것을 구분하게 된 것도 개인적인 소득이다. 아울러 학계에 몸담고 있는 교수님과 이 책을 쓰게 된 것도 큰 소득이자 즐거움이었다. 학자는 현장이 궁금하고, 현장을 책임지는 사람은 이론을 더 들여다보고 싶은 갈증을 느끼는 법. 덕분에 우리의 여행은 서로에게 한층 더 새롭고 충만한 배움의 시간이 되었다. 학자와 실무자의 조합이 아니어도 다른 사람의 시선을 따라가 보는 여행은 그 자체만으로 가치가 있다. 코로나19로 상하이에서 더 많은 시간을 보내지 못한 것은 아쉽지만 색다른 공부가 되었기에 소중할 따름이다. 우리의 에너지가 독자들에게 오롯이 전해지길 겸손하게 희망한다.

책을 마무리하는 동안 당연히 서울에도 상하이에도, 지구의 곳곳에 변화가 일어났다. 코로나19라는 위기와 변화에서 내가 느낀 것은 도시의 소중함과 존재감이었다. 나도 모르게 도시에서 갈 수 있는 곳과 없는 곳을 나누면서 앞으로 변해갈 도시의 모습을 그려보았다. 그 과정에서 차가 막히거나 사람들로 너무 북적댈 거라는 이유로 내가 사는 서울, 아니 우리 동네마저도 제대로 즐기지 못했던 아쉬움과 나태함을 새삼스레 깨달았다.

어쩌면 이 책의 숨은 제목은 상하이를 여행하는 법이 아니라 '도시의 변화를 여행하는 법'이라 바꾸어 말할 수 있을 것이다. 그런 면에서 20여 년 전 상하이를 경험한 것은 내게 큰 행운이라는 생각이다. 상하이라는 대도시가 엄청나게 변화하는 과정을 지켜본 것과 도시의 단면만을 보는 것은 전혀 다른 차원이기 때문이다. 상하이는 앞으로의 20년이 더 기대되는 도시다. 지금 바로 떠날 수 없어도 현재의 상하이를 바라보아야 할 이유일 것이다.

김일도